BENNO ELBS

W0047331

RÜCKEN WIND

Gestärkt
ins Abenteuer
Leben

Tyrolia-Verlag
Innsbruck-Wien

INHALT

UND LOS GEHT'S

Junge Menschen wie du haben ihren Finger am Puls der Zeit. Sind offen für Neues, schnell und flexibel, unbelastet von einengenden Traditionen und Vorschriften, **unkompliziert und direkt,** ehrlich und ungeniert, wollen auch mal provozieren, herausfordern.

Und das ist gut so. Ihr wisst, was auf dieser Welt so alles passiert, was gut läuft und was schlecht, seid sensibel dafür, **was die Welt braucht,** was andere Menschen brauchen, was die Umwelt braucht an Ehrlichkeit und Liebe, Gerechtigkeit und Frieden.

Ich brauche diesen jungen, **wachen, kritischen Geist.** Unsere Welt, unsere Kirche hat ihn ebenfalls nötig. Halte dieses Feuer am Brennen! Unsere Welt, das Leben, deine Freundinnen und Freunde, Mitmenschen brauchen dich. Gott braucht dich. Denn **da ist etwas, das nur du allein tun kannst.** Du bist einzigartig. Du kannst jemandem ein Lächeln schenken, einen guten Gedanken, dein Ohr leihen, für ihn oder sie da sein.

Bei vielen Zusammentreffen habe ich mit Jugendlichen jedes Mal auch kritische Fragen über Gott und die Welt diskutiert. Viele Themen aus diesen Begegnungen und Gesprächen finden sich in diesem Buch. Immer geht es da um **die Suche nach gelingendem Leben** – für dich,

für mich, für unsere Freunde und Freundinnen, für alle Menschen auf unserer Welt. Die Wege dahin sind oft sehr verschieden, und doch wieder haben sie vieles gemeinsam.

Das Leben ist so vielfältig, schillernd und kostbar. Viele bunte, glitzernde Steine in diesem Mosaik möchte das vorliegende Buch beleuchten. Wie bei einem Spaziergang am Strand kannst du einfach da und dort einen besonderen Kieselstein aufheben, einfach zufällig eine Seite aufschlagen und bei einem Bild oder einem Wort verweilen. Vielleicht klingen in dir ein paar Töne deiner Lebensmelodie an.

Das wünsche ich dir.

BISCHOF BENNO ELBS

PS: Vielleicht bist du ganz anderer Meinung oder du hast noch offene Fragen? Ich freue mich, wenn du mir schreibst, zum Beispiel auf
 Instagram: instagram.com/bischofbenno
 E-Mail: bischof@kath-kirche-vorarlberg.at
Definitiv: Ich werde dir antworten!

TRÄUME

VOM LEBEN

KAPITEL EINS

TRÄUME VOM LEBEN

Junge Menschen stellen mir oft Fragen über Gott und die Welt. Wichtiges zu Ereignissen der Welt auf unserem Planeten, aber genauso scheinbar Nebensächliches interessiert sie. Zum Beispiel die Frage: „Wo wohnst du? Was tust du den ganzen Tag?" Sogar die Jünger haben Jesus diese Frage gestellt (vgl. Johannes 1,38). Auch seine Antwort ist überliefert: „Kommt und seht!"

WAS WAR DER SCHÖNSTE MOMENT DEINES LEBENS?

Geburtshelfer im Rettungsauto

Etwas vom Eindrucksvollsten und Schönsten, das ich erlebt habe, war eine Geburt, die ich als Sanitäter in einem Rettungsauto begleitet habe – jedenfalls, nachdem dann alles gut überstanden war.

Während der Zeit meines Studiums in Innsbruck habe ich sieben Jahre lang ehrenamtlich Nachtdienst beim Roten Kreuz gemacht. Da wurden wir einmal zu einem Transport einer hochschwangeren Frau zur Entbindung in die Klinik angefordert. Alles musste sehr schnell gehen. Die Wehen erfolgten schon in kurzen Abständen und noch während der Fahrt kam plötzlich das Baby. Damals war noch kein Notarzt dabei, ich war als Sanitäter auf mich allein gestellt. Wie das Baby dann da war, und kräftig geschrien hat und auch die Mutter in einem guten Zustand war, der nicht nach „Notfall" ausgesehen hat

– das war schon ein ganz besonderes Erlebnis. Insgesamt drei Mal ist es mir passiert, dass ich als Sanitäter im Rettungsauto Hebammendienste leisten musste. So habe ich dabei geholfen, drei Kinder zur Welt zu bringen.

WAS FÜHLT MAN IN SO EINER SITUATION?

Es ist so ähnlich, wie ich es von den Schilderungen junger Väter kenne, die bei der Entbindung ihres Kindes dabei waren: zuerst die Anspannung, Adrenalin im Blut, man tut alles, was die Situation erfordert, dann kommt ein großes Gefühl von Erleichterung und Freude, das einem die Tränen in die Augen treibt. Es ist wahr: Wer ein Kind sieht, wer eine Geburt miterleben darf, ertappt Gott auf frischer Tat.

WAS WAREN EXTREME SITUATIONEN, DIE DU ERLEBT HAST?

In schweren Momenten

Etwas vom Schwersten und Bedrückendsten für mich war gleich mein allererster Einsatz als Sanitäter bei der Rettung in Innsbruck, als sich ein Soldat – er stammte aus Vorarlberg – mit dem Gewehr in den Kopf geschossen hat. Ich war damals 19 Jahre alt. Wir mussten den jungen Mann notdürftig versorgen und schnellstmöglich in die Klinik bringen. Das war ein prägendes Erlebnis im tragischen Sinn. Die Verzweiflung und Hoffnungslosigkeit, die in einer solchen Handlung zum Ausdruck kommen, sind kaum zu ertragen. Manches lastet schwer auf dem Leben von Menschen. Leider musste ich noch oft erleben, wie Menschen versuchten, ihr Leben zu beenden.

Der Dichter Novalis meint: „Die Liebe ist der Endzweck der Weltgeschichte, das Amen des Universums." Wenn ich liebe und geliebt werde, berühre ich diesen Sinn. Das ist Quelle für Hoffnung: Gespräche, Freundschaften, Begegnung, Feiern … Wo findest du Hoffnung?

Hoffnung ist nicht die Gewissheit, dass die Dinge gut enden.
Hoffnung ist die Überzeugung, dass die Dinge Sinn machen.
Egal wie sie enden.

Vaclav Havel

Einfach da sein

Bei solchen tragischen Ereignissen, Unfällen oder Katastrophen nehme ich heute oft Kontakt mit den Angehörigen auf – oder auch umgekehrt, sie mit mir. Als Priester ist mir das Begleiten und Stärken von Menschen in existenziell besonders belastenden Situationen sehr wichtig. Darum habe ich auch beim Aufbau des Kriseninterventionsteams (KIT) in Vorarlberg mitgeholfen. Es geht darum, dass wir einander helfen, unseren Weg weiterzugehen. Tragen und getragen werden.

Dunkles und Lichtvolles

Es war bei der Beerdigung der zweijährigen Teresa (Name geändert). Ein unvorstellbar tragisches Unglück war geschehen. Sie war mit dem Traktor, den ihr Vater lenkte, überrollt worden. Ihr älterer Bruder, dreieinhalb Jahre alt, hatte alles hautnah mit angesehen. Was mag sich wohl in seine Seele eingebrannt haben?

In dieser so bedrückend-traurigen Situation wurden nach dem Begräbnisgottesdienst weiße Luftballons verteilt, und man ließ die Ballons, mit einem Foto der kleinen Teresa an einer Schnur, in den Himmel steigen. Ich habe auf den kleinen Bruder geachtet. Er ließ drei Luftballons steigen, hat ihnen nachgeschaut, hat ihnen und seiner kleinen Schwester nachgewinkt mit einem kindlich-leichten Lächeln auf dem Gesicht. Das hat mich sehr berührt. So war es möglich, dem so tief Traurigen einen Schimmer von Helligkeit, von Vertrauen und Fröhlichkeit zu geben. Es war für mich wie ein kleines Zeichen von Hoffnung und Auferstehung.

Ein sehr tragischer Autounfall

Zwei junge Burschen waren frühmorgens mit ihrem Auto unterwegs in die Schule. Auf der nassen Straße kam der Lenker in einer Kurve ins Rutschen, schlitterte über die Gegenfahrbahn, prallte mit der Beifahrerseite gegen ein Brückengeländer und stürzte über die Böschung. Der 17-jährige Beifahrer verstarb noch an der Unfallstelle. Der Lenker war nur leicht verletzt.

Ich habe mit der Familie des Verstorbenen und auch mit dem Fahrer des Unfallautos geredet. Es ist ja eine enorme Belastung, wenn man Mitschuld am Tod eines anderen trägt. Man macht sich Vorwürfe, spielt alle Möglichkeiten durch, wo man anders hätte handeln und den Unfall verhindern können, und kann doch nichts mehr ändern. Denn mit den Folgen muss man leben.

Wenige Monate später wurden die Schulkollegen und Freunde zur Musterung nach Innsbruck einberufen. In Erinnerung an ihren Freund nahmen sie ein T-Shirt mit, auf das sie den Namen ihres verstorbenen Freundes und ihre eigenen Namen schrieben. So war Anton (Name geändert) die ganze Zeit mit dabei. Nach der Musterung sind sie als Erstes zu seinen Eltern gegangen und haben ihnen dieses T-Shirt gezeigt. Anschließend haben sie es auf Antons Grab gelegt.

Die Eltern haben mir erzählt, dass in diesen sehr schweren Zeiten der Trauer ihnen nichts so viel Freude und Hoffnung geschenkt hat wie diese Aktion. Die Burschen werden bei der Musterung trotzdem ihre

Biere getrunken und gefeiert haben. Und zugleich kommt in ihrem Handeln eine Hoffnung zum Ausdruck, dass die Liebe und das Leben stärker sind als alles andere. Liebe stiftet neues Leben.

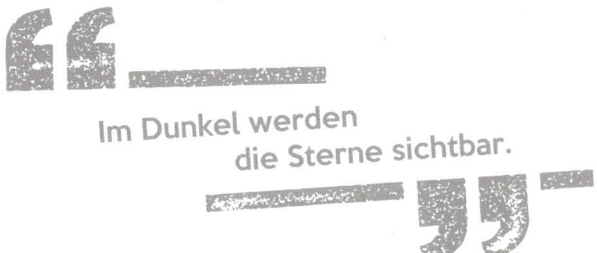

> Im Dunkel werden
> die Sterne sichtbar.

Selbst verursachtes Leiden

Leid und tragische Ereignisse können überall passieren. Auch in einer Schulklasse. Etwa, wenn jemand ständig schikaniert, ausgegrenzt, beleidigt, seelisch verletzt, gemobbt wird. So empfand es der 17-jährige Adrian (Name geändert). Er hatte schon mehrere Suizidversuche hinter sich, weil er in der Klasse gemobbt worden war. Beim letzten Suizidversuch hat er sich mit Benzin übergossen und angezündet und massive Verbrennungen erlitten. Wir müssen nicht die Nachrichten aus Kriegsgebieten verfolgen, um Grausamkeiten und schlimme Zerstörungen zu sehen. Die kann man unter Umständen schon in einer Schulklasse erleben.

WAS WAREN BESONDERS SCHÖNE MOMENTE FÜR DICH?

Eigentlich gibt es jeden Tag eine Menge einzigartiger Dinge, für die ich dankbar bin: die Sonne, der Regen, ein Gänseblümchen, ein strahlendes Kinderlachen, ein Brief, ein Anruf, Begegnungen mit Menschen … Die wirklich großen und wichtigen Dinge schauen manchmal ganz unscheinbar und wie nebensächlich aus.

Ein Sonnenaufgang

Etwa ein Sonnenaufgang am Meer oder in den Bergen. Im Urlaub gehe ich gerne frühmorgens eine Runde laufen und warte dann, bis die Sonne aufgeht. Wenn die graue Landschaft allmählich heller wird und dann plötzlich die Sonne rot über dem Horizont erscheint und alles in ein goldenes Licht taucht, ist das ein berührendes Ereignis.

Es erzählt auch davon, dass nach jedem Untergehen der Sonne, nach Zeiten des Dunkels, sie immer auch wieder neu hervorkommt. Ein Bild auch für unser Leben: Nach jedem „Untergang" – einer Beziehung, einer Chance, einer Hoffnung – bricht wieder ein neuer Tag an. „Die Mitte der Nacht ist der Anfang des Tages … die Mitte der Not ist der Anfang des Lichtes", heißt es in einem alten Hymnus.

D. h. die Mitte *unserer* Nacht ist der Anfang *unseres* Tages – dann nämlich, wenn die Nacht der Verbitterung, der Angst und Trauer, im Letzten des Todes durchschritten wird und aus ihrer Mitte der Lichtfunke einer neuen Hoffnung schimmert.

Ein Lied für dich

Sehr ergreifend empfanden ich und alle Mitfeiernden bei einer Taufe, als die Mutter zwei Lieder für ihr Kind gesungen hat: *„Ich will dich hüten, will dich beschützen, bin für dich hier, keine Angst … Egal was kommen mag, ich bin bei dir. Bin für dich hier, keine Angst"*, hieß es in dem einen Lied von Phil Collins.

„Isn't she lovely? Isn't she wonderful? Isn't she precious? … I can't believe what God has done through us, he's given life to one", sang sie im Lied von Stevie Wonder und neigte sich ihrer kleinen Tochter zu.

Diese Liebeslieder der Mutter für ihr Kind und gleichzeitig der Wunsch, dass das Kind gesegnet wird, haben alle zu Tränen gerührt.

Jemand sagt Ja zu dir

Ein andermal war es bei einer Hochzeit. Der Bräutigam und die Braut haben sich mit ihren ganz persönlichen Worten das gegenseitige Ja-Wort gegeben, ja sogar geschenkt.

> *Bettina*, ich liebe dich, so wie du bist! Nicht nur heute oder morgen, nicht bis es mir zu anstrengend oder zu langweilig wird. Ich will mit dir leben für alle Zeit. Nicht um dich zu besitzen, ich will dir die Freiheit geben, die du brauchst. Ich nehme dich als meine Frau und will dich bewahren als ein Geschenk.*

> *Theo*, ich habe dich lieb. Du gehörst zu mir und ich sage heute vor Gott ja zu dir. Ich will zu dir stehen, auch wenn uns das Leben manchmal vor schwierige Prüfungen stellen wird. Du bist der wichtigste Mensch in meinem Leben, mein bester Freund. Zusammen mit dir will ich alle meine Träume verwirklichen. Nimm diesen Ring als unser Zeichen, dass wir beide das ganze Leben lang füreinander da sind. Im Namen des Vaters und des Sohnes und des Heiligen Geistes. Amen.*

* Name geändert

Auch das war ein tief empfundener Augenblick, der auf die ganze Hochzeitsgesellschaft übergesprungen ist. Da wurde spürbar, was der jüdische Religionsphilosoph Martin Buber sagt: „Alles wirkliche Leben ist Begegnung." Es war ein vorbehaltloses Ja zum anderen Menschen, zu seiner Geschichte mitsamt den Verletzungen und Narben, aber auch mit all dem, was ihn und sie freut, ihnen Hoffnung gibt.

Es gibt ja auf der Welt auch eine Gegenbewegung, die Neid und Missgunst sät und Menschen gegeneinander aufbringt. Da ist ein grenzenloses Ja so heilsam und wohltuend. Wir sehnen uns nach dem Miteinander, nach Vertrauen, Liebe, Geborgensein. Ehe und Familie spiegeln diese

Liebesbeziehung wider, die Gott in sich ist und die er durch Jesus an uns Menschen weitergeschenkt hat. Darum ist die Ehe für die Kirche ein Sakrament, ein Zeichen für die Liebe Gottes zu uns Menschen.

Ein Segen auf meiner Stirn

Ein ganz besonderer Moment war es für mich – vor meiner Bischofsweihe beim Einzug in den Dom –, als mir meine Mutter und meine Taufpatin (mein Vater war schon gestorben) mit Weihwasser ein Kreuz auf die Stirn gezeichnet und mich gesegnet haben. In bestimmten wichtigen Augenblicken gesegnet zu werden, das schenkt große Kraft.

HAST DU EIN VORBILD?

Beeindruckende Vorbilder für mich sind oft ältere Menschen, die einfach und bescheiden leben, die vieles mitgemacht und geleistet haben – unspektakuläre Dinge meist – und die sich an ihrem Leben erfreuen, die für andere da sind, Gelassenheit und Dankbarkeit ausstrahlen. Das Gesicht eines alten Menschen finde ich wunderschön. Falten und Runzeln, abgearbeitete Hände erzählen von Arbeit und Mühen, von Geschichten, die das Leben geschrieben hat – manchmal auch Geschichten mit Gott.

Ein wichtiges Vorbild für mich ist **Carl Lampert.** Er war ein Priester und wurde 1944 von den Nationalsozialisten hingerichtet, weil er unbeirrt für Gerechtigkeit und Solidarität eingetreten ist. Unter einem unmenschlichen Regime ist er aufgestanden für Menschlichkeit. „Dass Menschen wieder Menschen werden", war einer seiner Leitgedanken. Das finde ich auch für unsere heutige Zeit wichtig, wo wir erleben, dass Schwache, Menschen, die keine Stimme haben, eher auf die Seite gedrängt werden. Darum besuche ich regelmäßig seine Gedenkstätte in der Pfarrkirche von Göfis.

 Tipp zum Weiterdenken:
Die Abschlussrede von
Charlie Chaplins „Der große Diktator"

WAS IST DAS WICHTIGSTE, DAS DU IN DEINEM LEBEN GELERNT HAST?

Vertrauen

Das Vertrauen. Es ist für mich eine andere Bezeichnung für Glauben. In vielen Situationen – ob es mir gut oder schlecht gegangen ist – habe ich vertrauen gelernt, dass Gott mit mir geht und mir daher nichts Schlimmes passieren kann, das nicht mit der Hilfe von Menschen und mit Gott zu schaffen wäre. Solches Vertrauen kannst du lernen, wenn du Menschen begegnest, die viele Schicksalsschläge gemeistert haben, kranken Menschen, sogar an Sterbebetten kann man es finden.

Die ersten Schritte

Oder auch schon bei einem kleinen Kind. Der kleine Kilian (Name geändert) war ein Jahr alt, er machte die ersten Gehversuche. Noch hält er sich am Stuhl fest, steht etwas wackelig da. Sein Vater ermuntert ihn, zu ihm zu kommen, den sicheren Halt loszulassen. Und er folgt diesem Ruf, lässt Unsicherheit und Angst hinter sich.

Immer wieder gilt es, einem lockenden Ruf, einer Herausforderung zu folgen, sich auf den Weg zu machen und auf etwas Neues zuzugehen – mit unsicheren Schritten, nicht wissend, ob ich es schaffe.

Wäre das Vertrauen des Herzens
aller Dinge Anfang,
du kämst weit,
sehr weit.

Frère Roger Schutz

Glaube versetzt Berge

Es herrschte eine lange Trockenheit. Die Ernte und alles Lebendige drohten zu verdorren. So kamen die Leute zu einem Bittgottesdienst um Regen zusammen. „Wir sind gekommen, Gott zu bitten, dass er die Dürrezeit beende und Regen schickt", begann der Pfarrer seine Predigt. „Aber das Wunder kann nicht geschehen. Keiner von euch hat einen Regenschirm dabei!"

Wenn alle Sicherheiten wegbrechen

Viel schwerer ist das Vertrauen in Situationen, in denen das Leben manchmal mit voller Härte zuschlägt.

Seine Krebserkrankung hatte Philipp (Name geändert) große Angst gemacht und in die Verzweiflung getrieben. Er beschloss, seinem Leben ein Ende zu setzen. Aber der Suizidversuch misslang, sein Kampf gegen sein Schicksal ging weiter, bis er eines Tages in sein Tagebuch schreiben konnte: „Ich lege mein Leben jetzt ganz in die Hand Gottes.

Ich weiß, dass er mich trägt." Ab diesem Moment konnte er mit seiner Krankheit, auch mit seinem Zugehen auf den Tod, ganz anders, fast unbeschwert umgehen. Er hat sich für dieses Grundvertrauen entschieden, es wurde ihm geschenkt.

Verlier das Vertrauen nicht. Und wenn du es verloren hast, höre trotzdem nicht auf, es zu suchen. Bleibe unterwegs nach der Quelle des Vertrauens.

GIBT ES ETWAS, DAS DIR HEUTE NOCH LEIDTUT?

Mehr auf das Herz hören

Auch ein Bischof macht immer wieder Fehler. Eine Frau lag im Spital. Diagnose: Hirntumor. Ich hatte sie über einen längeren Zeitraum täglich besucht, und es ging ihr gesundheitlich zunehmend schlechter. Ich wollte sie besuchen, hatte aber noch einen Termin in einer Pfarre. So sagte ich zu meinem Fahrer: „Wir gehen zuerst ins Spital und dann gleich weiter in die Pfarre." „Da ist ein Stau, wir kommen zu spät", wandte er ein, „machen Sie den Krankenbesuch doch anschließend." Ich habe nachgegeben und den Besuch aufgeschoben. Als wir in der Pfarre eingetroffen sind, bekam ich einen Anruf vom Bruder der Kranken, der mir berichtete, seine Schwester sei gerade gestorben. Da war ich so betroffen und wütend auf mich selbst.

Darum habe ich mir vorgenommen, mehr auf mein Gefühl zu vertrauen und mich nicht mehr so leicht von etwas abbringen zu lassen. Egal, ob ein Verkehrsstau oder Verspätung drohen. Wenn ich nur mit dem Kopf entscheide und zu wenig auf das Gefühl und auf das Herz höre, gibt es den Zeitpunkt, wo es einfach auch zu spät ist.

Gottes zweiter Wohnsitz
ist dein Herz.

**WAS KANN ICH TUN, WENN ICH MERKE,
ICH HABE „MIST" GEBAUT?**

Die heilende Kraft der Versöhnung

Ich kann einfach wegschauen und tun, als wäre nichts gewesen. Das funktioniert aber meist nicht wirklich. Man kann sich dem stellen und Klärung und Versöhnung suchen.

Zu einem ehrlichen Weg der Versöhnung gehört das Hinschauen auf die Situation und das Wahrnehmen, vielleicht auch im Gespräch mit einem Freund, einer Freundin. Alles muss auf den Tisch gelegt werden. Daraus kann eine neue Sichtweise wachsen. Das Aussprechen der Schuld und die Entscheidung, umkehren zu wollen, sich innerlich zum Frieden entschließen, macht es möglich, Vergebung geschehen zu lassen.

Vergebung zusagen kann uns nur jemand anderer. „Das Wort, das dir hilft, kannst du dir selber nicht sagen", besagt ein afrikanisches Sprichwort. Große Worte wie „Ich liebe dich", „Ich vertraue dir", „Ich verzeihe dir" sind Worte, die man sich nicht selbst sagen kann.

Jesu Botschaft heilt und richtet auf. Das kann auch im Sakrament der Versöhnung, der Beichte, erfahrbar werden. Es wirkt befreiend, wenn jemand nach längerem Hin und Her, nach einer Zeit des Nachdenkens sich seine Schuld eingestehen kann und erfahren darf, dass Gott Vergebung schenkt.

Es gibt diese heilende Kraft der Versöhnung. Es braucht Mut, diesen Weg zu gehen, aber er kann in ungeahnte Freiheit und zu neuen Möglichkeiten führen. Wer ihn wagt, kann ein großes Geschenk finden: Jesus ist von ansteckender Gesundheit. Er ist wie ein Virus, aber einer von der guten Sorte.

Wofür man Gott um Vergebung bittet, das wird vergeben. Wer glaubt, wenig Sünden zu haben, bittet Gott um wenig und liebt ihn wenig.

Simone Weil

Unterscheiden, entscheiden, Entschiedenheit

Bei jeder wichtigen Entscheidung sollte man versuchen, sich zunächst über drei Fragen klar zu werden.

» Was *will ich?* Was ist meine Sehnsucht? Was ist mir wichtig? Was möchte ich an Gutem in der Welt verwirklichen?

» Was *kann ich?* Was sind meine persönlichen Fähigkeiten, Talente und Stärken?

» Was *will das Leben von mir?* Wo werde ich gebraucht? Wo könnte ich meine Talente für andere einsetzen? Wo zieht es mich hin?

Zur Vorbereitung einer guten Entscheidung sollte man sich über die Frage genau im Klaren sein, die es zu entscheiden gilt. Dann sollte man alle Möglichkeiten und Alternativen, Motive und Beweggründe, Konflikte, Freude, Ängste in den Blick nehmen. Und man sollte innerlich frei sein, sich für eine Lösung zu entscheiden.

Ein paar Tipps für die Entscheidung:

» Entwickle Alternativen. Leg dich nicht vorschnell fest. Es gibt immer viele Wege und Möglichkeiten.

» Hole dir Rat. Ein Gespräch kann Klarheit schaffen. Was raten dir Menschen, denen du wichtig bist?

» Sei ehrlich zu dir selbst. Höre auf deine innere Stimme, dein Herz.

» Bring „Kopf" und „Bauch" zusammen. Wo hast du ein gutes Gefühl? Vertraue deinem Gefühl! Wo spürst du den Heiligen Geist?

» Entscheide dich! Nimm dir Zeit für deine Entscheidung, aber schiebe sie nicht unnötig hinaus.

» Lass dich nicht lähmen von der Angst, falsch zu entscheiden. Deine Entscheidung muss nicht perfekt sein. Auch Umwege gehören zum Leben und führen – wie bei einem Labyrinth – ans Ziel, können Möglichkeiten eröffnen, an die wir selbst nie gedacht hätten.

Wenn eine Entscheidung einmal getroffen ist, braucht es die Entschiedenheit, diesen Weg zu gehen und sich nicht unnötig verunsichern zu lassen. Eine Entscheidung ist für mich als Christ immer auch eine Situation, aus der ich die „Stimme Gottes" an mich heraushören kann. Meine Sehnsüchte, Talente und Fähigkeiten, die Not der Welt können als ein Anruf Gottes verstanden werden. Wenn du das Gefühl hast, Gott unterstützt dich nicht in deinen Plänen oder erhört deine Gebete nicht: Gott gibt auf jede Bitte eine von drei Antworten: „Ja", „noch nicht" oder „Hab Geduld, ich habe noch etwas Besseres für dich".

 Tipp: Warum es Wille, Risiko, Mut, Übung und Gemeinschaft braucht, um den richtigen Weg im Leben einzuschlagen, zeigt das Video „Confirskation" von Dominik Toplek und Klaus Abbrederis.

WAS IST

GLÜCK

KAPITEL ZWEI

WAS IST GLÜCK?

Martin Wielath, der folgende Zeilen geschrieben hat, ist 21 Jahre alt, reist und liest gerne. Er hat im Jahr 2016/17 im Pastoralamt der Katholischen Kirche Vorarlberg seinen Zivildienst absolviert und studiert Volkswirtschaft.

Was ist Glück? Ist es Zufriedenheit? Sind es Momente der Freude? Das Zusammensein mit Familie und Freunden? Gemeinsam lachen, singen und tanzen? Die Sonne zu genießen oder den Regentropfen zu lauschen? So sein zu können, wie man nun mal ist? Vielleicht ist es eine Kombination aus all dem, und wahrscheinlich aus noch vielem mehr?. Oder ist etwa ein schnelles Auto, ein Luxushaus in Traumlage mit Pool und Garten schon das wahre Glück?

Vor einiger Zeit hätte ich diese Frage noch mit Ja beantwortet. Heute bezweifle ich, dass das allein zu dauerhaftem Glück verhilft. Warum ich so denke? Meine Eltern reisen gerne, denn „man muss reisen, um zu lernen" (Mark Twain). So habe ich mit meinen 21 Jahren schon viele Länder gesehen und durchaus schon einiges dazugelernt. In Spanien, Griechenland, Ägypten, Marokko und auf den Kanarischen Inseln habe ich Menschen getroffen, ohne jegliche Besitztümer, die aber ein Lächeln im Gesicht hatten, das förmlich ansteckte. Ihr Herz lachte, und das sah man auch. Ich glaube, sie haben etwas vom wahren Glück erkannt.

***Glück** liegt nicht so sehr im Besitz von Dingen. Diese können durchaus für kurzfristige Glücksmomente sorgen, machen einen aber auf lange*

Sicht nicht glücklich. Glück liegt eher im Beisammensein mit Menschen, mit ihnen gemeinsam Zeit zu verbringen, über Dinge zu sprechen und das Leben zu genießen. Mit dem zufrieden zu sein, was uns geschenkt ist, und das Beste daraus zu machen. Anderen ein traumhaftes Cabriolet zu gönnen, ohne neidische Hintergedanken. Das Leben einfach so positiv zu nehmen, wie es nur geht.

Es gibt keine simple Gebrauchsanweisung für das Glück. Aber man kann von anderen lernen: Was macht sie glücklich? Ich habe Menschen getroffen, die trotz ihres Reichtums – monströsen Motoryachten, tollen Wohnungen, schicker Designerkleidung, geilen Motorrädern – keinen wirklich glücklichen Eindruck auf mich gemacht haben. Zwar haben sie so getan, doch hinter der Fassade konnte man erkennen, dass es nicht so war. Das Zwischenmenschliche kommt da oftmals zu kurz.

Ich glaube, das wahre Glück lässt sich auch ohne solche Oberflächlichkeiten finden, denn Menschen haben mir gezeigt, dass es auch ohne geht. Doch am Ende findet jeder sein Glück selbst – dazu muss man aber auch den eigenen Lebensweg gehen. Unser Herz weist uns diesen Weg. Also höre ihm zu.

HABEN DIESE FRAGEN NACH GLÜCK UND NACH DEM SINN DES LEBENS, DIE SICH MARTIN STELLT UND DIE WOHL WIR ALLE IM HERZEN TRAGEN, AUCH ETWAS MIT GOTT ZU TUN?

Durchaus. Es gibt viele Wege, die zum Glück führen können. Das haben auch schon viele berühmte Personen in der Vergangenheit festgestellt.

Es gibt keinen Weg
zum Glück.

Glücklichsein
ist der Weg.

Siddharta Gautama Buddha

 Tipp: Der Songtext „Irgendwas" von Yvonne Catterfeld beschreibt, dass wir auf der Suche sind, aber wir können nicht erklären, nach was. Hier geht's zum Video und zum Songtext.

» Glücklich ist, wer im Hier und Heute lebt

Eine Stärke junger Menschen ist es, dass sie ganz in der Gegenwart leben. Sie verstehen es, in das Hier und Heute einzutauchen. Sie nehmen auch scheinbar kleine Dinge, Gefühle und Erfahrungen bewusst wahr. Sie können Geschenke und Zeichen des Himmels sein. „Wir sollten jeden Tag wie ein neues Leben beginnen", rät Edith Stein.

» Glücklich ist, wer Danke sagen kann

Wer erfährt, andere Menschen vertrauen mir, schenken mir Aufmerksamkeit, umarmen mich, lassen mich spüren, dass ich wertvoll bin, der erfährt etwas von Glück. Wer mit den lebenswichtigen „drei Z" von Zuwendung, Zärtlichkeit und Zeit beschenkt wird und dafür dankbar sein kann, für den verändern sich die „Lichtverhältnisse" der Seele.

» Glücklich ist, wer eine Aufgabe hat

Dazugehören dürfen und zeigen dürfen, was man kann – das sind zwei Grundelemente für das Glücklichsein. Wir brauchen eine sinnvolle Aufgabe. Spürst du einen Auftrag für dein Leben – durch deine Fähigkeiten, deine Lebenssituation? Diese Frage sollte sich jeder Mensch stellen.

» Glücklich ist, wer einem Traum folgt

Manchmal haben wir einen „Traum", wir folgen einem Ideal. Oder wir erleben bestimmte Träume immer wieder. Träume sind „Freunde" aus dem Unterbewussten, die uns auf tiefe Wünsche und Sehnsüchte aufmerksam machen. Darum ist es gut, ihnen Beachtung zu schenken. Manche Träume sind es wert, verwirklicht zu werden.

» Glücklich ist, wer seine Berufung lebt

„Eure Zeit ist begrenzt. Also verschwendet sie nicht, indem ihr das Leben von jemand anderem lebt." Diesen Rat gab Apple-Gründer Steve Jobs College-Absolventinnen und Absolventen mit auf den Weg. Den Lärm anderer Meinungen auszublenden und auf die eigene innere Stimme zu hören, ist der bessere Weg zum Glück. Es braucht Mut, auf sein Herz zu hören und der eigenen Intuition zu folgen. Dazu ist es wichtig, neugierig zu bleiben, wie ein Kind. Nur so kannst du den Ruf hören. Und es braucht Mut, stets neue Herausforderungen anzupacken. Nicht den Kopf in den Sand stecken. Etwas zu tun, was man sich normalerweise nicht traut, kann einen richtig beflügeln.

 Kinotipp: „The Happy Film" von Stefan Sagmeister. Der österreichische Designer Stefan Sagmeister führt kontrollierte Selbst-Experimente durch: Diese Versuche und schmerzvolle Erfahrungen führen ihn auf eine Reise, die ihn näher zu sich selbst bringt, als jemals geplant.

Ich bin berufen, etwas zu tun oder zu sein,

wofür kein anderer berufen ist.

Ich habe einen Platz in Gottes Plan, auf Gottes Erde,

den kein anderer hat.

Ob ich reich bin oder arm, verachtet oder geehrt bei

den Menschen,

Gott kennt mich

und ruft mich bei meinem Namen.

John Henry Newman

» Glücklich ist, wer erwartet wird

Ein Häftling wird nach drei Jahren im Gefängnis endlich entlassen. Er setzt sich in den Bus nach Hause, zu seiner Familie. „Ich kann verstehen, wenn du nichts mehr von mir wissen willst", hatte er an seine Frau zu Beginn seiner Haft noch geschrieben. Drei Jahre hatte er nichts von ihr und seinen Kindern gehört. Ein paar Tage vor seiner Entlassung schreibt er nach Hause, er werde mit dem Bus durch den Ort kommen. „Binde ein gelbes Taschentuch auf den alten Eichenbaum am Ortseingang, wenn du mich nochmal sehen möchtest. Wenn nicht, fahre ich einfach weiter, und ich lasse euch für immer in Ruhe." Je näher der Ort kommt, umso aufgeregter wird er. Endlich die letzte Kurve. Und schon von weitem erblickt er den Baum. Dutzende gelbe Tücher hängen daran.

 Tipp: Der Songtext „Tie a Yellow Ribbon Round the Old Oak Tree" von Irwin Levine und Larry Brown, interpretiert von Tony Orlando & Dawn, wurde zu diesem Szenario geschrieben. Das Lied wurde 1973 zum Tophit.

Der Text dieses Liedes bewegt mich jedes Mal wieder aufs Neue. Der Ausgestoßene wird erwartet. Das Ja wurde nicht zurückgenommen. Heute gilt das gelbe Band in Amerika als Symbol der Treue und der Loyalität. Obwohl die Band „Dawn" schon lange Geschichte ist, hat sie sich mit diesem Song in die Geschichte eingeschrieben.

Genauso ist es mit dem Ja Gottes. Was auch immer in unserem Leben geschehen mag, es wird niemals zurückgenommen. Auch die Erzählung vom barmherzigen Vater und vom verlorenen Sohn in der Bibel berichtet von einer solchen Begebenheit.

Ein Mann hatte zwei Söhne. Der jüngere von ihnen sagte zu seinem Vater: Vater, gib mir das Erbteil, das mir zusteht! Da teilte der Vater das Vermögen unter sie auf. Nach wenigen Tagen packte der jüngere Sohn alles zusammen und zog in ein fernes Land.

Dort führte er ein zügelloses Leben und verschleuderte sein Vermögen. Als er alles durchgebracht hatte, kam eine große Hungersnot über jenes Land und er begann Not zu leiden. Da ging er zu einem Bürger des Landes und drängte sich ihm auf; der schickte ihn aufs Feld zum Schweinehüten. Er hätte gern seinen Hunger mit den Futterschoten gestillt, die die Schweine fraßen; aber niemand gab ihm davon.

Da ging er in sich und sagte: Wie viele Tagelöhner meines Vaters haben Brot im Überfluss, ich aber komme hier vor Hunger um. Ich will aufbrechen und zu meinem Vater gehen und zu ihm sagen: Vater, ich habe mich gegen den Himmel und gegen dich versündigt. Ich bin nicht mehr wert, dein Sohn zu sein; mach mich zu einem deiner Tagelöhner! Dann brach er auf und ging zu seinem Vater.

Der Vater sah ihn schon von Weitem kommen und er hatte Mitleid mit ihm. Er lief dem Sohn entgegen, fiel ihm um den Hals und küsste ihn. Da sagte der Sohn zu ihm: Vater, ich habe mich gegen den Himmel und gegen dich versündigt; ich bin nicht mehr wert, dein Sohn zu sein. Der Vater aber sagte zu seinen Knechten: Holt schnell das beste Gewand und zieht es ihm an, steckt ihm einen Ring an seine Hand und gebt ihm Sandalen an die Füße! Bringt das Mastkalb her und schlachtet es; wir wollen essen und fröhlich sein. Denn dieser, mein Sohn, war tot und lebt wieder; er war verloren und ist wiedergefunden worden. (Lukas 15,11–24)

Die Erfahrung der Einsamkeit, des Abgeschnitten-Seins von sozialen Beziehungen erlebe ich oft auch bei meinen Besuchen im Gefängnis. Auch bei Gottesdiensten mit den Häftlingen ist die Sehnsucht nach Beziehung gerade in dieser Ausnahmesituation zu spüren, selbst „hartgesottene Burschen" sind da oft innerlich sehr bewegt. Wenn man der Freiheit beraubt ist, über das eigene Leben zu bestimmen, mit anderen in Beziehung zu treten, ist die Würde des Menschen schwer beeinträchtigt. Man erkennt dann vielleicht noch mehr, was wirklich zählt und wichtig ist.

Was macht Glück und Erfolg aus?

Wer im Sport Erfolg haben will, muss vieles auf sich nehmen. Da braucht es Begabung, Training, Willen, Ausdauer, Mut, Vorbilder, man muss nach Niederlagen wieder aufstehen und neu beginnen.
Aber Erfolg drückt sich nicht nur in Goldmedaillen aus. Gerade auch Menschen wie Samuel Koch oder Kira Grünberg, die durch einen schweren Unfall an den Rollstuhl gefesselt sind, bringen mit großem Willen und Vertrauen in die Zukunft Großartiges zustande.

Es geht nur mit Gelassenheit

Wenn du meinst, Erfolg und Glück „machen" zu können, wirst du wohl scheitern. Auch wer krampfhaft alle denkbaren Erfolgskriterien erfüllen will, erreicht meist eher das Gegenteil. Es braucht auch Gelassenheit. Glück kann man sich nur schenken lassen. „Gnade" nennt das die Theologie. Wenn sich der Vogel des Glücks auf meine Hand setzt und ich ihn festhalten möchte, fliegt er davon. Willst du das Glück behalten, musst du es loslassen können.

Ein Zuviel an Anstrengung oder strategischem Planen ist nicht wirklich hilfreich. Dann kann es dir gehen wie in der Geschichte vom Tausendfüßler. Eine Schlange fragt ihn: „Wie machst du das nur, so viele Füße synchron zu bewegen?" Als er darüber nachzudenken beginnt, bringt er plötzlich keinen Schritt mehr zustande. Zu viel Reflexion macht das Tun unmöglich.

Tipp:
„Probiers mal mit Gemütlichkeit" – diese Lebensweisheit besingt der Bär Balu im „Dschungelbuch".

Das Positive sammeln

Eine Lehrerin kam in eine laute Klasse. Um die Kinder wieder zur Ruhe zu bringen, gab sie ihnen eine Aufgabe: Jeder sollte auf ein Blatt alle Namen der Mitschüler notieren. Als alle mit ihrer Klassenliste fertig waren, fuhr die Lehrerin fort: „Schreibt bitte bei jedem dazu, was euch an ihm oder ihr besonders gefällt oder was ihr an dieser Person schätzt. Also nur positive Dinge!"

Die Kinder begannen zu schreiben. Verstohlene Blicke wurden ausgetauscht. Die Lehrerin nahm die Listen mit nach Hause und schrieb

dann für jeden Schüler bzw. jede Schülerin ein eigenes Blatt.
Dort listete sie alle positiven Eigenschaften auf, welche die Mitschüler
notiert hatten. Am nächsten Tag verteilte sie die Zettel. Jeder bekam
ein Blatt mit seinen von den Mitschülern genannten positiven Eigen-
schaften. Manche der Listen waren über eine Seite lang. Jeder war stolz
auf seine Liste.

Jahre vergingen. Marc aus dieser Klasse war im Vietnam-Krieg ge-
fallen. Die ganze Klasse kam zur Beerdigung. Die trauernden Eltern
kamen auf die Lehrerin zu und zeigten ihr, was ihr Sohn in seiner
Uniformjacke bei sich hatte. Es waren zwei abgegriffene Notizzettel –
jene Liste aus der Schule. Die Lehrerin war sehr berührt.

Eine Mitschülerin von Marc, die das beobachtet hatte, zog aus ihrer
Handtasche ihre Liste. Auch sie hatte diese „Gute-Eigenschaften-Liste"
immer bei sich. Nun stellte sich heraus, dass auch die meisten anderen
ihre Liste noch besaßen und einige sogar bei sich hatten.
Aus dem Buch „Hühnersuppe für die Seele"

Bei glücklichen Menschen
fand ich immer als Grund
eine tiefe Geborgenheit,
spontane Freude an kleinen Dingen
und eine große **Einfachheit.**

Phil Bosmans

KAPITEL DREI

WILL GOTT LEID & NOT?

Religion, Gott, Kirche – das wird gerne mit überholten Moralvorschriften, einengenden Druck- und Erziehungsmitteln in Verbindung gebracht. Daran ist die Kirche vielfach selbst schuld. Dabei wären Glaube und Religion als ein befreiender Weg zur Entdeckung der grenzenlosen Liebe Gottes zu jedem Menschen gedacht, denn das ist der Kern des christlichen Glaubens. Welche Fragen dazu liegen jungen Menschen auf der Zunge und am Herzen?

HATTE JESUS EINEN NACHNAMEN?

Jesus von Nazareth

Wenn Jesus ein Bregenzerwälder gewesen wäre, hätte er „Zimmermanns Buôb" geheißen. „Ist das nicht der Sohn des Zimmermanns", heißt es in der Bibel (vgl. Matthäus 13,55).

JESUS WAR DOCH JUDE.
WARUM GLAUBEN JUDEN NICHT AN CHRISTUS?

Juden und Jesus

Die Juden haben den Messias erwartet, einen Erlöser, der sie auch aus der politischen Unterdrückung durch die Römer befreit. Nach christlichem Glauben ist Jesus dieser von Gott gesandte Messias und Retter der Welt. Jesus war ein gläubiger Jude, der sich an die Weisungen seiner Religion gehalten hat.

Er wollte eigentlich keine neue Religion gründen, sondern das Judentum von innen her erneuern.

Die Juden erkennen Jesus nicht als den Messias an, weil für sie jemand, der am Kreuz stirbt, als verflucht gilt. Jesus ist für sie heute zwar ein bedeutender Jude, vielleicht ein Prophet, mehr nicht. Sie leben noch immer in der Erwartung, dass der Messias, der im Alten Testament angekündigt ist, kommen wird.

GLAUBST DU ALLES, WAS IN DER BIBEL STEHT?

Die Bibel, ein Kompass

Die Bibel als Gesamtheit ist für mich Wort Gottes. Darum ist ihre Botschaft für mich sehr wichtig. Sie ist der Kompass für mein Leben.

Es gibt in der Bibel sehr unterschiedliche Erzählungen, Geschichten von Heil und Heilung, den Schöpfungsbericht oder auch Lieder, Gedichte, Hymnen. Wenn man alles als reine Tatsachenberichte ansieht, können viele Missverständnisse entstehen.

Zum Beispiel bedeutet die Erzählung von der Erschaffung der Welt in sieben Tagen für mich: Gott steht hinter allem Leben. Licht und Finsternis, Pflanzen und Tiere und schließlich als Krönung der Mensch haben in Gott ihren Ursprung. Schöpfung bedeutet ja das Schaffen von neuen Lebensmöglichkeiten. Die Schlüsselbotschaft: „Und Gott sah, dass es gut war" (vgl. Genesis 1,12). Das Leben ist schön! Das Leben ist wertvoll!

Die Heilige Schrift
ist Wahrheit
aus der Ewigkeit.

ZUR ERBSÜNDE:

WENN „GOTT VERGIBT",

WARUM SOLLEN WIR DANN UNTER DER LAST

EINER SÜNDE STEHEN,

DIE WIR NICHT BEGANGEN HABEN?

Ein Baby mit Sünden?

Kein Mensch kommt völlig unbelastet auf die Welt. Wir werden hineingeboren in eine Familiensituation, ein soziales Umfeld, das in mancherlei Hinsicht auch belastet ist. Es macht einen Unterschied, ob ich im Sudan oder in Salzburg geboren bin. Vieles ist mir in die Wiege gelegt. Sogar negative Haltungen früherer Generationen können noch belastend nachwirken. Das ist mit „Erbschuld" gemeint. In der Taufe wenden wir uns Christus, dem Licht, zu. Das befreit uns von der „Erbschuld".

Was ist mit den Fehlern der Kirche?

Die Kirche als Institution und Menschen in der Kirche haben im Laufe der Geschichte und bis heute viele Fehler gemacht: Kreuzzüge, Inquisition, Hexenverbrennungen, Unterdrückung, Machtmissbrauch, sexueller Missbrauch, Doppelmoral. Das ist äußerst bedauerlich. Vor allem entstellt es die Botschaft von der Liebe Gottes.

Für viele dieser Fehler und das Unrecht, das „im Namen Gottes" passiert ist, haben Päpste und Bischöfe schon um Verzeihung gebeten. Das allein kann es zwar nicht ungeschehen machen. Und dennoch ist für mich klar: Ich gehöre zur Kirche, mit all ihren guten und auch mit den schlechten Seiten. Auch ich bin ein Mensch mit Fehlern.

Ja, ich stehe zur Kirche, mitsamt ihren Fehlern. Als Bischof bin ich schließlich ein Vertreter der Kirche. Sie hat auch unendlich vieles an Gutem bewirkt. Die heutigen humanistischen Werte von Freiheit, Gleichheit, Solidarität ruhen auf dem Fundament des Christlichen. Noch weit darüber hinaus gehen die christlichen Werte der Versöhnung, der Nächstenliebe bis hin zur Feindesliebe. Christen haben viele Spuren der Liebe durch die Geschichte gezogen: im Einsatz für die Armen, für Kranke, im Aufbau des Gesundheits- und des Bildungswesens. Ich bin auch stolz auf das, was Papst Franziskus jetzt macht. Er stellt sich auf die Seite der Benachteiligten und an den Rand Gedrängten, setzt sich ein für die Umwelt, für Frieden und Menschlichkeit, er besucht Flüchtlinge auf Lampedusa und Lesbos, wäscht Strafgefangenen die Füße … Vor allem anderen ist Kirche dazu da, um Menschen zu helfen, um Begegnungsräume mit Gott zu schaffen, damit sie erfahren: Gott ist mit dir.

BIST DU BISCHOF FÜR GOTT ODER FÜR DIE KIRCHE?

Eine Stütze auf dem Weg

Zuallererst natürlich für Gott. Im ewigen Leben gibt es, so meinen die Theologen, keine Kirche mehr. Die Kirche hat in dieser Welt die Aufgabe, die Menschen auf ihrem Weg mit Gott im Glauben zu stützen und ihnen dabei zu helfen.

Ich glaube, auf lange Sicht ist es schwer, nur für sich allein Christ zu sein. Man braucht Gemeinschaft. Man braucht andere, die einen stützen, wenn es einmal nicht so gut geht. Allein ist vieles schwieriger. Manchmal trägt man andere und manchmal wird man getragen. Man braucht vielleicht auch Menschen, die für einen beten. Jesus hat immer auch Gruppen gebildet, er hat Apostel und Jünger gerufen. Frauen und Männer sind ihm gefolgt. Gemeinschaft gehört zum Glauben dazu: miteinander leben, feiern, beten.

 Tipp: Das Video und der Songtext „Immer dabei" von Farin Urlaub Racing Team

WAS IST FÜR DICH DAS WICHTIGSTE AM CHRISTLICHEN GLAUBEN?

„Ich bin für dich da"

Meine Kurzdefinition unseres Glaubens lautet: Gott geht alle Wege meines Lebens mit mir mit. Es gibt keine Situation, die Gott-los wäre. Aus diesem Vertrauen heraus versuche ich zu leben, in schwierigen genauso wie in schönen Lebenslagen. Dieser Glaube trägt. Ich merke das gerade auch bei Menschen, die in Not sind oder vielleicht krank.

Wenn ich Kranke besuche, bringe ich ihnen manchmal ein kleines Holzkreuz mit. Menschen mit Behinderung haben es gemacht. Es passt in seiner Größe genau in die Handfläche. Es ist ein Kreuz zum Festhalten. Das drückt den Glauben und die Überzeugung aus: Gott ist mit dir. Jesus ist dein Freund. Daran kann ich mich festhalten.

Wunden heilen und Herzen wärmen

Neben dieser Zusage, dass Gott immer da ist, gehört etwas Zweites unabdingbar zum Christsein, nämlich die Haltung des barmherzigen Samariters, der sich um den kümmert, der im Straßengraben liegt. Jesus erzählt dieses Gleichnis auf die Frage eines Gesetzeslehrers hin: „Was muss ich tun, um das ewige Leben zu erben?" Seine Antwort: „Du sollst den Herrn, deinen Gott, lieben mit deinem ganzen Herzen … und deinen Nächsten wie dich selbst" (vgl. Lukas 10,25–27). Ein Christ kann nicht anders, als Wunden von Menschen zu heilen und Herzen von Menschen zu wärmen. Christsein heißt: stützen, bei der Hand nehmen, trösten, für andere da sein, ein Stück mit ihnen mitgehen – wie Jesus es vorgemacht hat.

GAB ES AUCH MOMENTE, IN DENEN DU DARAN GEZWEIFELT HAST, OB ES GOTT WIRKLICH GIBT?

Zweifel gehören zum Glauben

Zweifel gehören zum Leben dazu. Das habe auch ich oft erlebt, und das passiert mir immer wieder. Als Priester komme ich oft mit sehr belastenden Lebenssituationen in Berührung, in denen es großes Leid gibt, in denen Menschen nicht mehr weiterwissen. Krankheiten stellen uns vor existenzielle Fragen. Da frage auch ich mich oft: Warum! Wozu? Der Zweifel ist für mich die Zwillingsschwester, der Zwillingsbruder des Glaubens. Ich glaube, so ist es auch, wenn man verliebt ist, in einer guten Beziehung. Da ist man sich auf der einen Seite sicher, auf der anderen Seite gibt es immer auch Zweifel. Man kann einen anderen Menschen nie bis ins Letzte kennen, völlig durchschauen. Man kennt sich ja nicht einmal selbst so ganz genau. Überall, wo es Beziehung, Liebe und Zuwendung gibt, gibt es auch Zweifel. Der andere bleibt immer auch ein Geheimnis.

Liebe ist nicht möglich ohne Vertrauen. So ist es auch in der Beziehung zu Gott, er bleibt ein Geheimnis. Manchmal stehe ich mit großem Vertrauen vor diesem Geheimnis und dann wieder mit großen Fragen. Wichtig sind das Vertrauen und der Blick auf all das, was ich im Leben schon von ihm geschenkt bekam. Und wie in jeder Beziehung, so ist es auch im Glauben: Nie aufhören zu suchen und zu fragen.

Tipp:
Das Video und der Songtext
„One of us" von Joan Osborne

Sicherheit und Zweifel

Anders wiederum ergeht es mir beim Diskutieren zum Beispiel mit Atheisten, die der Religion gegenüber prinzipiell kritisch eingestellt sind. Da habe ich keinerlei Zweifel, denn ich glaube, es gibt sehr viele vernünftige Gründe, an Gott zu glauben. Zwei Beispiele: Der Naturalismus kann wesentliche Dinge des Lebens nicht erklären: Warum gibt es Liebe, Vertrauen? Was begründet die Ordnung des Kosmos, des Seins, des Lebens? Und der deutsche Philosoph Holm Tetens, früher Atheist, meint, es ist „einer der stärksten Gründe für den Gottesgedanken, angesichts der ungetrösteten und ungesühnten Opfer der Weltgeschichte darauf zu hoffen: Gott gibt nichts und niemanden endgültig verloren, er will unbedingt das Heil der Welt und der Menschen" (Herder Korrespondenz 1/2017, S. 18).

Die Fragen des Leidens

Zweifel entstehen für mich dort, wo ich vor unsagbarem Leid stehe, wie zum Beispiel in einer Familie, in der gleich drei Mitglieder schwer erkrankt waren, zwei von ihnen sind inzwischen schon verstorben. Wenn man vor so großen Krisen und Prüfungen steht, dann kommen große Fragen und Fragezeichen auf. Man möchte eine Antwort auf die Frage nach dem Warum, obwohl man zugleich weiß, dass es diese Antwort letztlich nicht geben kann. Auf diese letzten Fragen gibt es keine einfachen, allgemein gültigen Antworten. Da bleiben auch für mich immer Fragen offen.

WENN ES GOTT TATSÄCHLICH GIBT, WIE KANN ER SO SCHRECKLICHE DINGE WIE GEWALT, KRIEG, TERRORISMUS, SCHICKSALSSCHLÄGE ZULASSEN?

Solidarisch mit dem Leidenden

Die Antwort Gottes besteht nicht darin, Leid aus der Welt zu verbannen. Damit würde der Mensch auch seiner Freiheit beraubt. Der Mensch ist eben frei für das Gute wie für das Schlechte. Sonst wäre er nur mehr wie eine Marionette und die Welt ein „Spielplatz" Gottes.
Die Antwort der Bibel ist die radikale Solidarität Gottes mit dem leidenden Menschen. Der Weg Jesu bis hin zum Kreuz zeigt uns, dass er die Perversion von Gewalt und Vernichtung selbst auf sich nimmt und sich so mit allem Leid von Menschen verbindet, dass aber zuletzt die Liebe stärker ist als alle Zerstörung: Auferstehung, Begegnung, Liebe haben das letzte Wort.

Gewalt wird nicht mit Gewalt überwunden, sondern durch die Haltung der Liebe, des Verzeihens und der Gewaltlosigkeit. Das verändert die Welt.

> **Gott** kann in der Welt nur in Form der Abwesenheit anwesend sein. Gott ist abwesend von der Welt, außer durch das Dasein derjenigen in der Welt, in denen seine Liebe lebt.
>
> Simone Weil

Gott will das Leben

Gewiss, das ist ja der Kern des christlichen Glaubens. Zugleich ist mir auch bewusst, dass man sich an die Antwort auf diese Frage nur sehr bescheiden und wie in Annäherungen herantasten kann. Für dieses große Geheimnis bleibt jedes Wort immer auch irgendwie zu klein. Viele gute Gründe sprechen aus meiner Sicht für den Glauben an die Auferstehung:

Das Erste ist **die Natur.** Wenn ich auf die Schönheit der Welt blicke, auf die Ordnung und das Zusammenspiel der Kräfte des Kosmos, das Funktionieren des Universums, bis hinein in die winzigsten Bauteile der Zellen und Atome, dann ist es vernünftig anzunehmen, dass hinter all dem etwas steht wie „Das Leben" oder das Prinzip des Lebens. In meiner Sprache verwende ich dafür das Wort „Gott" oder „der Lebendige". Wenn Gott dieses Leben, diese Schönheit, diese Organisation ins Dasein ruft, dann wäre es ein zynischer Gott, wenn er an irgendeinem Punkt des Lebens sagen würde, jetzt versinkt alles ins Nichts.

Ein zweites Argument sind die **erstaunlichen Berichte der Bibel:** dass die Apostel in der Situation der Verzweiflung, der Krise, der Vernichtung, des Kreuzes, auf einmal zur Gewissheit gefunden haben, dass Jesus lebt. Dass er ihnen nach seinem Tod in einer anderen Form, aber doch leibhaftig begegnet ist. Dass diese Begegnung mit dem Auferstandenen so kraftvoll war, dass die Apostel bereit waren, ihr Leben dafür einzusetzen und dafür sogar zu sterben. Das war nicht nur eine verrückte, kurzlebige Idee, sondern eine Erfahrung, die ihnen unglaublich viel Kraft gegeben hat: ihnen und unzähligen Menschen danach, bis zum heutigen Tag. Eine Frau sagte wenige Tage vor ihrem Sterben zu mir, das Schwerste für sie sei, ihre Kinder zurückzulassen. Aber sie sei mit Gott im Reinen, weil sie darauf vertraut, dass sie in einer anderen Form weiterleben wird, und hofft, ihre Familie weiter begleiten zu können.

Ein Beispiel solcher Hoffnung auf Auferstehung ist für mich Papst Franziskus. Er geht seinen Weg ohne alle Furcht, er ist ausgerichtet auf Jesus Christus und kennt darum keinerlei Angst um seine Sicherheit, weil seine Seele in der Ewigkeit verankert ist. Ein anderes Beispiel ist die deutsche Ärztin und Ordensfrau Ruth Pfau, die „Mutter Teresa" von Pakistan. Einzig im Blick auf unsägliche Not – von Leprakranken, von Flüchtlingen, von Erdbeben- oder Flutopfern – hat sie alles getan, um dagegen anzukämpfen, und so Unglaubliches zum Guten bewegt.

Einen dritten Grund erlebe ich manchmal bei der Begleitung von **sterbenden Menschen.** Da kann man auch unendlich viel an Hoffnung, Vertrauen und Zuversicht verspüren. Es gibt im Innersten des Menschen dieses Wissen, dass der Mensch mehr ist als reine Materie und dass das menschliche Dasein über die Grenze des Todes Zukunft hat. Nicht umsonst spricht die Dichterin Hilde Domin vom „kostbarsten Unterricht an Sterbebetten".

Monika Renz, die viele Kranke und Sterbende begleitet hat, berichtet davon, dass sie bei Sterbenden oft erlebt habe, dass sie wie mit etwas anderem verbunden erschienen seien.
Sie haben auf einmal Einsichten, erkennen Zusammenhänge und finden Kraftquellen, die innerweltlich nicht erklärbar seien, sondern auf ein „Angebunden-Sein" im Unendlichen, im Ewigen hindeuten. Sie haben ihr Herz schon an die Ewigkeit gebunden, und aus dieser Verbundenheit heraus entsteht ein neues Potenzial an Hoffnung und Zuversicht. Leonardo da Vinci hat einen ähnlichen Rat gegeben. Er sagte: „Binde deinen Karren an einen Stern." Unser Leuchtstern ist das Evangelium.

Schließlich noch ein Argument aus **der Physik.** Da gibt es eine Grundregel: Aus etwas kann niemals nichts werden. Dinge können sich verändern, mutieren. Aber was ist, wird niemals nichts. Auch wenn der Mensch nur Materie wäre, würde aus ihm niemals nichts. Dieses wunderbare Bild sehen wir auch in der Natur: Aus einem Korn wird eine Pflanze, aus einer Raupe ein Schmetterling. Wenn ich an eine Seele glaube, dann wird auch die Seele erhalten bleiben.

Gibt es eine Seele?

Dann folgt daraus die nächste große Frage: Gibt es eine Seele? Oder ist der Mensch nur Materie? Zu dieser Frage gibt es je nach Weltanschauung oder wissenschaftlichem Standpunkt sehr unterschiedliche Ansichten. Die Naturwissenschaften – Medizin, Biologie, Physik – können viele Lebensprozesse erklären. Aber es ist nicht vorausberechenbar, wann ein Herz aufhört zu schlagen, wann ein Mensch entscheidet, den letzten Atemzug zu tun. Das Sterben ist nicht nur ein biochemischer Prozess, es gibt auch ein Lebensprinzip im Menschen, das irgendwann entscheidet, „ich höre auf".

Oft kann man bei Sterbenden beobachten, dass sie noch warten, bis eine Person bei ihnen ist, wieder andere warten, bis niemand mehr bei ihnen im Zimmer ist, und genau in diesem Augenblick sterben sie. Dafür gibt es keine medizinisch-physikalische Erklärung. Es ist etwas da, das darauf hinweist, dass im Menschen noch ein anderes Sein ist, das wir Christen als „Seele" bezeichnen. Es ist das Prinzip des Lebens, das weitergeht. Das erleben wir auch in Freundschaften und Beziehungen. Wir spüren die besondere Ebene, die Menschen miteinander verbinden kann.

WO IST MEINE OMA?
WO SIND DIE VERSTORBENEN?

Von den Kindern lernen

So können Kinder fragen, wenn etwa ein Angehöriger gestorben ist. Kinder haben besondere Sensoren, sie nehmen manchmal Dinge und Dimensionen wahr, die für Erwachsene nicht mehr zugänglich sind. Das kann man auch in ihrem unbefangenen Umgang mit dem Tod erleben. „Hilf dem Opa (der ein paar Jahre zuvor gestorben war), dass er im Himmel die Oma schnell findet." So lautete einmal die Fürbitte eines Enkels bei der Beerdigung seiner Oma.

Jesus stellt uns das Vertrauen der Kinder als nachzuahmendes Beispiel vor Augen: „Wenn ihr nicht umkehrt und werdet wie die Kinder, werdet ihr nicht in das Himmelreich hineinkommen" (Matthäus 18,3).

Leben und Tod können bei einer Beerdigung oft ganz nahe beisammen liegen, so bedrückend es uns auch oft erscheint.

Ein Familienvater war tödlich verunglückt. Sein achtjähriger Sohn spielte am offenen Sarg auf der Ziehharmonika das Lied „Schlaf kleiner Freund". Danach ging er auf den Platz vor der Kirche und spielte wieder fröhlich mit dem Ball. „Wie geht es dir?", fragte ich ihn. – „Es geht mir gut, weil ich weiß, dass Gott auf meinen Papa schaut."

Von solchem kindlichen Vertrauen können wir vieles lernen, dass man trauert, dann aber wieder übergeht zum Leben im Vertrauen, dass der/die Verstorbene in der Hand des Schöpfers, in der Hand des Ewigen ruht und dort geborgen ist.

ZEIGT SICH GOTT AUCH MANCHMAL?

BIST DU IHM SCHON MAL BEGEGNET?

Gottes „Überraschungen"

Gott zeigt sich manchmal recht unerwartet, ja sogar originell. Oft hat man nach einer überraschenden Wendung erst im Nachhinein den Eindruck, dass das Leben, Gott selbst, die Hand im Spiel hatte. Eine Geschichte kann das illustrieren:

Ein Mann wandert durch die Wüste. Plötzlich sinkt er bis zu den Knöcheln im Treibsand ein. Kurz darauf kommt eine Karawane vorbei. „Sollen wir helfen?", fragen die Leute, aber der Mann schickt sie fort: „Gott wird mir helfen." Er versinkt weiter, bis zur Hüfte. Da kommt eine Gruppe Touristen auf Safari im Jeep vorbei, aber auch sie schickt er fort, Gott werde ihm schon helfen. Schließlich versinkt er ganz und stirbt. „Warum hast du mein Gebet nicht erhört?", fragt der Mann den lieben Gott, als er im Himmel ankommt. „Ich hatte dir doch die Karawane geschickt, später noch den Jeep …"

WIE STEHST DU ZU ANDEREN RELIGIONEN?

Wahres, Echtes, Heiliges achten

Ich habe eine hohe Wertschätzung für alle Religionen. Das Friedensgebet von Papst Johannes Paul II. in Assisi im Jahr 1986 ist bis heute ein großes Signal. Von allem, was in anderen Religionen gut, heilig, positiv ist, können wir vieles lernen. Ob im Hinduismus, Buddhismus, Islam – überall kann man viel an Gutem und Heiligem finden.

KAPITEL VIER

WOHIN STEUERN WIR DIE ERDE?

Wie wird es mit dieser Welt wohl weitergehen? Trotz atemberaubender technischer Errungenschaften ist der Fortschrittsoptimismus oft auch gedämpft. Die Schere zwischen Arm und Reich, Nord und Süd klafft weiter auseinander. Fortschritt wird so schnell zu einem Schritt fort vom Menschen. Die faszinierenden Möglichkeiten der digitalen Welt nähren auch Zukunftsängste. Welche Welt wollen wir bauen? Worauf kommt es an? Bei den HotSpotTalks diskutiere ich mit Jugendlichen regelmäßig brennende Fragen ihres Lebens.

DIE WELT LEBT HEUTE VIELFACH IM „VOLLGASMODUS".

„Vollgas"

Natürlich ist es fraglich, ob es gut ist, immer und überall online und erreichbar zu sein, alles jederzeit zu bekommen, Profite zu maximieren, Ressourcen auszubeuten ohne Rücksicht darauf, wer die Rechnung zahlt.

Andererseits, wenn es nicht Menschen gäbe, die sich für eine Idee total einsetzen, würde sich nie etwas vorwärts bewegen. Erfinder und Entdecker, kleine und große Genies in Technik, Medizin, Musik und Kunst, Entwickler von Apple oder Facebook waren wohl immer auch ein Stück „verrückt", haben sich fast fanatisch für eine Sache eingesetzt. Andere bringen sich bei der Feuerwehr, dem Roten Kreuz, der

Bergrettung oder einem anderen Verein ein. Wenn es brennt, braucht es nicht langes Überlegen, sondern Menschen, die mit „Vollgas" loslegen und zupacken.

Du kannst mit „Vollgas" nicht nur dir selbst oder einer Gruppe helfen, sondern auch die Zukunft in eine positive Richtung steuern. So wie Mahatma Gandhi, Martin Luther King, Nelson Mandela, Mutter Teresa, Erwin Kräutler … Wenn eine bzw. einer aufsteht und sich gegen das Unmenschliche stellt, werden viele folgen und es wird sich – früher oder später – etwas positiv ändern. Die Geschichte bestätigt das.

Die Zukunft
ist eine Brücke,
die nicht existiert,
sondern sich Stück für Stück
unter den Schritten dessen ausbreitet,
der den Mut aufbringt,
seinen Fuß über den Abgrund
zu setzen.

Manès Sperber

Solches „Vollgas" braucht es. Wie Ferdinand (Name geändert), 17, ein großes Fußballtalent. Er hat alles darangesetzt, um die Aufnahme in eine Sport-Akademie zu erreichen. Er hat es zwar nicht geschafft. Aber er hat entdeckt: Durch Scheitern kann ich ebenso viel lernen wie durch Erfolg.

Vollbremsung

Eine Vollbremsung ist manchmal lebensrettend. Das weiß jeder, der im Straßenverkehr unterwegs ist. Oft rennen wir wortwörtlich mit „hundert Sachen" durch das Leben. Da ist es genauso. Es braucht manchmal eine Vollbremsung, um wieder das Gleichgewicht zu finden, um den Standort oder die Situation neu zu überprüfen.

Meist wird uns eine Vollbremsung von außen aufgezwungen – das kann eine berufliche Veränderung, eine Krankheit oder auch ein freudiges Ereignis wie die Geburt eines Kindes sein. Das bringt eine ganz andere Geschwindigkeit in das Leben.

Es gibt ganz unterschiedliche, tragische, dramatische oder aber sogar willkommene Vollbremsungen. Es gibt auch jene, die man selbst in der Hand hat, zum Beispiel eine Auszeit, Exerzitien, Erholung, Ferien – um etwas zu tun, das das eigene Leben wieder in eine bessere Balance bringt.

IST AUCH BETEN EINE SOLCHE BREMSÜBUNG?

Eine tägliche „Vollbremsung" für ein gesundes Leben ist das Abendgebet. Es hilft, den Kompass für den nächsten Tag und für den weiteren Weg wieder neu einzustellen.
Eine Möglichkeit ist das „Gebet der liebenden Aufmerksamkeit": Zurückschauen auf den Tag. Was habe ich an Gutem erlebt? Was

war schmerzlich? Was ist offengeblieben? Wo braucht es Versöhnung? Danken. Gott bitten, dass er den neuen Tag segnet. Auch das ist eine Form der „Vollbremsung".

STÖRUNGEN SIND JA MEIST UNANGENEHM ODER GAR SCHMERZHAFT. KÖNNEN SIE AUCH FÜR ETWAS GUT SEIN?

„Lass dich mal stören"

Wer lässt sich schon gern stören und aus dem Konzept bringen? Die Navajo-Indianer sehen das anders. Sie weben in jeden Teppich absichtlich einen Webfehler ein. Das ist für sie die Stelle, wo der Geist in den Teppich hineingeht und aus ihm herausgeht. Eine Störung kann durchaus eine Botschaft an mich sein.

In Europa erleben wir derzeit zwei große „Störungen": die Fluchtbewegung und den Terrorismus. Wir hatten seit dem Ende des Zweiten Weltkrieges in einer weitgehend heilen Welt gelebt. Da war das Gefühl, wir können alles selber gestalten, alles ist machbar – durch Wissenschaft, Technik, Medizin. Natürlich wurde diese Sicherheit hin und wieder gestört – durch eine Krankheit, ein Unglück. Jetzt sind plötzlich zwei große Störungen da, die unsere gewohnte Welt durcheinanderbringen.

Die Fluchtbewegungen

Millionen von Menschen können oder wollen nicht mehr dort leben, wo sie bisher gelebt haben, und machten sich darum auf den Weg. Die erste, gut-christliche Reaktion auf diese Störung war es, den Menschen in ihrer Not zu helfen, Gastfreundschaft zu leben. Bald wurde auch klar, dass die Hilfsmöglichkeiten nicht unbegrenzt sind. „Unser Herz ist weit, doch unsere Möglichkeiten sind endlich", formulierte es der deutsche Altbundespräsident Joachim Gauck.

Der Terrorismus

Terroristische Attentate versuchen, den Frieden in den Herzen der Menschen zu zerstören, sie möchten Angst und Misstrauen säen. Jeder ist herausgefordert, dem entgegenzuwirken. Papst Franziskus gibt uns eine Ermutigung:

„Glaubt nicht den Worten von Hass und Terror,
die oft wiederholt werden;
baut stattdessen neue Freundschaften auf.
Stellt eure Zeit zur Verfügung, kümmert euch
immer um diejenigen, die euch um Hilfe bitten.
Seid mutig und unkonventionell,
seid Freunde Jesu, des Friedensfürsten
(vgl. Jesaja 9,6)."

Botschaft zum internationalen Jugendtreffen
zum Jahr der Barmherzigkeit, April 2016 in Rom

Was könnten uns solche Störungen sagen?

Mit einem großen Herzen helfen, im Wissen und ohne schlechtes Gewissen, dass die Möglichkeiten begrenzt sind. Vor allem aber gilt es auch, die Ursachen dieser Not zu bekämpfen – in den Dürreregionen Afrikas, durch einen globalen Marshallplan für Afrika, um die wirtschaftliche Entwicklung des Kontinents nachhaltig zu verbessern, und durch entschiedenen Einsatz für den Frieden. Vor allem Begegnung und Dialog können das Miteinander der Menschheit aufbauen und stärken. Und es braucht das gemeinsame Helfen und Zusammenstehen aller Menschen.

Gebet für den Frieden

Herr, mach mich zu einem Werkzeug Deines Friedens,
dass ich liebe, wo man hasst;
dass ich verzeihe, wo man beleidigt;
dass ich verbinde, wo Streit ist;
dass ich die Wahrheit sage, wo Irrtum ist;
dass ich Glauben bringe, wo Zweifel droht;
dass ich Hoffnung wecke, wo Verzweiflung quält;
dass ich Licht entzünde, wo Finsternis regiert;
dass ich Freude bringe, wo der Kummer wohnt.

Herr, lass mich trachten,
nicht, dass ich getröstet werde, sondern dass ich tröste;
nicht, dass ich verstanden werde, sondern dass ich verstehe;
nicht, dass ich geliebt werde, sondern dass ich liebe.

Denn wer sich hingibt, der empfängt;
wer sich selbst vergisst, der findet;
wer verzeiht, dem wird verziehen;
und wer stirbt,
der erwacht zum ewigen Leben.

1916, aus Frankreich

„Gott und der Mammon*"

Es gibt eine Wirtschaft, die tötet, stellt Papst Franziskus in seinem Apostolischen Schreiben „Evangelii gaudium" ohne beschönigende Umschreibungen fest und prangert an, wenn Menschen ausgegrenzt und wie Müll behandelt werden (vgl. Evangelii gaudium 53).

Papst Franziskus ist mehr Prophet als Wirtschaftsexperte. Er stellt Menschen, die unerwünscht sind, die nicht gesehen und an den Rand gedrängt werden, in den Mittelpunkt. So wie Jesus, der zum Mann mit der verdorrten Hand sagt: „Stell dich in die Mitte" (Markus 3,1–6). Das ist auch eine Provokation. Aus wirtschaftlicher Perspektive sind Arme unnütz, ein Systemfehler.

Was wünschen sich die Armen? Sie möchten wahrgenommen, gesehen, angesehen, wertgeschätzt werden. Und dass man ihnen hilft, aus der Armut herauszukommen. Das kann schon damit beginnen, dass man dem Blick eines bettelnden Menschen nicht einfach ausweicht, sondern ihn oder sie anblickt, vielleicht ein paar Worte wechselt.

Eines ist aber auch klar: Niemand muss arm sein, um Gott zu gefallen. Wenn man etwas erreichen will, auch um zu helfen, braucht man materielle Möglichkeiten. Ein Wirtschaftssystem, das für Arbeit und Einkommen sorgt, ist auch ein Beitrag für den sozialen Frieden.

> *„Beim Weltjugendtag in Krakau habe ich euch mehrfach gefragt: Können sich die Dinge ändern? Und ihr habt gemeinsam ein lautes Ja gerufen. Dieser Schrei entspringt eurem jugendlichen Herzen, das die Ungerechtigkeit nicht erträgt und sich nicht der Wegwerfkultur beugen will, noch der Globalisierung der Gleichgültigkeit das Feld überlassen will. Hört auf diesen Schrei, der aus eurem Inneren aufsteigt! Auch die Kirche möchte auf eure Stimme hören, auf eure Sensibilität, auf euren Glauben, ja auch auf eure Zweifel und eure Kritik."*
>
> *Papst Franziskus im Brief zur Vorbereitung der Bischofssynode 2018 zum Thema „Jugend"*

* „Mammon" ist eine alte Bezeichnung für Vermögen, Besitz, Geld, die zum lebensbestimmenden Wert werden (vgl. Matthäus 6,24).

Die Welt ist voller Wunder

Du kannst jeden Tag tausend Wunder erleben: das Leben, die Sonne, die Luft zum Atmen, eine Blume, ein Tautropfen, Menschen, die dich lieben. Die kleinen Wunder des Alltags sind die Würze des Lebens.

Nicht weniger die großen Wunder der Natur – das Universum, das Geboren-Werden, der Wechsel der Jahreszeiten. Oder wenn verfeindete Menschen sich versöhnen, wenn Kranke geheilt werden, wenn jemand, der keinen Sinn im Leben sah, wieder ein Licht am Horizont entdeckt.

Was es dazu braucht? Das Staunen-Können, sich innerlich berühren lassen, um lebendig und beweglich zu bleiben.

Alle warten auf ein Wunder,
aber keiner schaut mal vor die Tür.

Klaus Klages

Die Wunderfrage

Angenommen, es ist Nacht, und du legst dich schlafen. Während du schläfst, geschieht ein Wunder, und das Problem, das dich seit längerer Zeit belastet, ist gelöst. Da du geschlafen hast, weißt du nicht, dass dieses Wunder geschehen ist.

» Wer wird als Erster bemerken, dass ein Wunder geschehen ist, und woran?

» Wer wird nach dem Wunder etwas anders machen?

» Wer wird am meisten überrascht sein, dass dein Problem gelöst ist?

» Was werden andere an dir sehen, das sie nicht für möglich gehalten haben?

» Was wirst du an dir wahrnehmen, das dich positiv überrascht?

» Wann warst du in der Vergangenheit erfolgreich?

» Was war es, das dir damals ermöglichte, erfolgreich zu sein?

Nach Steve de Shazer und Eckart von Hirschhausen

In vielen Therapiegesprächen habe ich festgestellt, dass diese „Wunderfrage" oft die Perspektive verändert und unerwartete, spontane und positive Veränderung möglich macht.

ERSETZT GLAUBEN WISSEN?
VERSETZT GLAUBEN BERGE?

Glaube kann niemals Ersatz für fehlendes Wissen sein. Vernunft und Verstand gehören auf jeden Fall dazu. Gleichzeitig bin ich fest davon überzeugt: Glauben versetzt Berge. Wer mit Gott geht, kann mit dem Unerwarteten rechnen.

Schon wenn man an einen Menschen glaubt, verändert das die Beziehung dieser Menschen. Man traut dem anderen vieles zu. Zutrauen schenkt auch neue Kraft und Mut, etwas zu wagen. Der Glaube an Menschen versetzt Berge. Genauso der Glaube an Gott.

Durch Beten
wird aus Angst
Mut

Beim Beten ist es wie in einer menschlichen Beziehung. Es ist etwas, das im Innersten, im Herzen des Menschen, angelegt ist. Jeder bekommt das in die Wiege gelegt.

Auf der anderen Seite hat Beten etwas Sportliches an sich. Glaube braucht auch tägliches Training, braucht Begeisterung, Willenskraft, Mut, Verantwortungsbewusstsein. Insofern ist Glaube auch etwas, das man lernen kann. „Es muss feste Bräuche geben", lässt Antoine de Saint-Exupéry den Fuchs zum Kleinen Prinzen sagen. Es ist gut, sich eine bestimmte Zeit für das Gebet zu nehmen – am Morgen, während des Tages oder am Abend: ein Danken, ein Zurückschauen.

„Unterbrechung" heißt die kürzeste Definition von Religion. Gerade wenn man schöne Erfahrungen macht, tut es gut, innezuhalten, die Seele nachkommen zu lassen und das Erlebte achtsam wahrzunehmen. Das Läuten der Glocken lädt zu einer solchen Unterbrechung ein. Es will daran erinnern, solche Unterbrechungen bewusst wahrzunehmen und vielleicht ein „Danke-SMS" oder eine WhatsApp an Gott zu „schicken".

Spiritueller „Hochleistungssport" in diesem Sinne sind dann Exerzitien: sich einmal im Jahr für zwei, drei Tage zurückzuziehen ins Schweigen, oder auch in bestimmten Abständen Orte der Anbetung zu besuchen, ein längeres stilles Verweilen vor Gott.

Tipp:
Video und Songtext von „Ist da jemand?"
von Adel Tawil

WELTWEIT KOMMT ES IMMER MEHR ZU KONFLIKTEN. WIE KÖNNEN WIR DIESE ENTSCHÄRFEN?

Wie bauen wir Zukunft?

Wie in jeder Beziehung: Es geht nicht ohne Dialog. Das Gespräch darf niemals abbrechen. Die Haltung des Dialogs achtet die Würde des anderen, begegnet ihm mit Wertschätzung. Jeder Mensch ist ein Tempel des Heiligen Geistes.

In diesem Dialog geht es bei einem Konflikt darum, herauszufinden, was die beiden Parteien möchten. Die Fabel vom Streit um eine Orange kann das verdeutlichen:

Zwei Kinder streiten sich um eine Orange. Sie gehen zu ihrer Mutter, die den Streit schlichten soll. Eine naheliegende Lösung wäre es, die Orange zu teilen. Das wäre gerecht. Stattdessen fragt die Mutter, wozu jeder von ihnen die Orange braucht. Sie erfährt, dass eines der Kinder

In der Paartherapie gibt es einen Grundsatz: Entweder gewinnen beide oder beide verlieren. Das gilt auch für andere Auseinandersetzungen. In einem Krieg gibt es nur Verlierer. Der heilige Ignatius schlägt darum vor, in jedem Gespräch zu versuchen, die Bedürfnisse und Sichtweisen des anderen zu „retten", d. h. die Wünsche und Sehnsüchte des anderen ernst zu nehmen.

WIE WIRD ES WEITERGEHEN?

Ich blicke mit Vertrauen in die Zukunft. „Wo Gefahr ist, wächst das Rettende auch", sagt Friedrich Hölderlin. Wer sich an das Gute, an die Liebe, an die Grundwerte von Gerechtigkeit, Frieden, Bewahrung der Schöpfung hält, wird immer auch die richtigen Lösungen finden. Für uns gilt ja nicht der Satz wie im Lied von Tim Bendzko: „Muss nur noch kurz die Welt retten." Die Welt wird letztendlich von Gott getragen. Wir sind schon längst gerettet.

Tipp:
Video und Songtext von
„Muss nur noch kurz die Welt retten."
von Tim Bendzko

LIEBLINGSGEDANKE

GOTTES

KAPITEL FÜNF

DU BIST EIN LIEBLINGSGEDANKE GOTTES

All die Träume vom Leben, von einem „Leben in Fülle" für alle Menschen, werden in der Firmung wie mit einem Brennspiegel gebündelt. Auf dem Weg in eine gute Zukunft sind die Gaben des Heiligen Geistes wie ein Rückenwind, der dich beflügelt mit Weisheit, Einsicht, Rat, Erkenntnis, Stärke, Frömmigkeit und Gottesfurcht.

Aber Firmung ist kein Automat, der Glück auf Knopfdruck ausgibt oder alle möglichen Wünsche erfüllt. Sie ist auch keine „Lebensversicherung", die Pannen oder Krisen abfedert. Sie ist wie eine Liebeserklärung Gottes an dich. Was passiert wohl, wenn diese Liebeserklärung einseitig bleibt? – Vermutlich nichts!

Stärkung für das Leben

Das Wort „Firmung" bedeutet Stärkung, Kräftigung. Heiliger Geist – guter, starkmachender Geist – wird uns im Sakrament der Firmung zugesprochen als Stärkung für das Leben.

Gesalbt mit Chrisam

Die Firmkandidatinnen und Firmkandidaten werden mit dem Chrisam-Öl gesalbt. Chrisam steht für Gesundheit, Schönheit, Schutz, Heilung, Stärkung, Berührung, Wohlgeruch und Segen – sozusagen „Wellness" im besten und ganzheitlichen Sinne. Könige und Propheten wurden in alter Zeit mit Öl gesalbt als Zeichen ihrer besonderen

Würde. Darum werden auch wir Christinnen und Christen in der Taufe und in der Firmung gesalbt. „Christus" bedeutet „der Gesalbte". Wer mit Chrisam (Chris-tus – Chri-sam) gesalbt wird, gehört zu Christus.

Die Handauflegung

Das Auflegen der Hände gilt als eine der ältesten Behandlungsmethoden der Menschheit. Es wärmt, vermittelt Nähe und wirkt dadurch beruhigend. Auch alternativmedizinische Heilmethoden benutzen dies als Technik.

Viele Religionen kennen diese rituelle Geste der Übertragung von Segen oder Vollmacht. Sie ist zugleich eine zärtliche Berührung mit dem Heiligen, Göttlichen, der auch ein Heilungsaspekt innewohnt.

Die Gesten der Handauflegung und die Salbung mit Chrisam drücken die Zusage aus: Gott geht mit dir, was immer auch sein wird. Gott sagt Ja zu dir, und er nimmt dieses Ja nicht zurück. Nie. Das ist der tiefste Inhalt unseres christlichen Glaubens.

Mit der Taufe wird das Fundament für den Glauben gelegt. Bei der Firmung bekennt der (junge) Mensch selbst öffentlich und aus freiem Willen seinen Glauben. Er wird gestärkt und befähigt, mutig und aktiv an der Sendung der Kirche teilzunehmen. „Verkündigt ständig das Evangelium. Wenn es nötig ist, auch mit Worten." So hat Papst Franziskus diesen Auftrag jedes Christen, jeder Christin einmal formuliert. So ist die Firmung wie ein Führerschein, ein Ausbildungsdiplom, eine Art „Reifezeugnis" für das Leben als Christin, als Christ.

Ein Auftrag

Aber Firmung ist noch weit mehr. Firmung ist auch ein Auftrag. Was braucht die Welt von heute, damit es für alle Menschen auf unserer Erde gut weitergeht? Diese Frage habe ich 17-jährigen Firmlingen gestellt. Einige ihrer Antworten lauteten: Solidarität, Zusammenhalt, Frieden, Gerechtigkeit, Gleichberechtigung … Und entsteht all das von selbst, automatisch? – Nein, eben nicht! Man muss sich dafür einsetzen. Wer die Firmung empfängt, sagt damit: Ich möchte diesen Geist der Solidarität, des Zusammenhalts, des Friedens, der Gerechtigkeit verbreiten überall dort, wo ich bin, und mich dafür einsetzen.

Pfingsthymnus aus dem 12. Jahrhundert*

Komm herab, o Heilger Geist, der die finst're Nacht zerreißt,
strahle Licht in diese Welt.

Komm, der alle Armen liebt, komm, der gute Gaben gibt,
komm, der jedes Herz erhellt.

Höchster Tröster in der Zeit, Gast, der Herz und Sinn erfreut,
köstlich Labsal in der Not.

In der Unrast schenkst du Ruh, hauchst in Hitze Kühlung zu,
spendest Trost in Leid und Tod.

Komm, o du glückselig Licht, fülle Herz und Angesicht,
dring bis auf der Seele Grund.

Ohne dein lebendig Wehn kann im Menschen nichts bestehn,
kann nichts heil sein noch gesund.

Was befleckt ist, wasche rein, Dürrem gieße Leben ein,
heile du, wo Krankheit quält.

Wärme du, was kalt und hart, löse, was in sich erstarrt,
lenke, was den Weg verfehlt.

Gib dem Volk, das dir vertraut, das auf deine Hilfe baut,
deine Gaben zum Geleit.

Lass es in der Zeit bestehn, deines Heils Vollendung sehn
und der Freuden Ewigkeit.

* (Stephan Langton, Paris, um 1200, Übertragung Maria Luise Thurmair und Markus Jenny, 1971)

Mut zeigen

Firmung meint Mut zeigen, einen Standpunkt einnehmen, Zeugnis geben. Firmung will Mut machen zum Widerstand für das Gute, zum Aufstehen für das Leben.

Es braucht Mut dazu, sich als Christin, als Christ zu „outen" in einer Welt, die nicht applaudiert, wenn man sich zu Christus bekennt. Wer das heute tut, wird bei manchen vielleicht ein müdes Lächeln ernten und nicht ernst genommen.

Touch me, God

Vor ein paar Jahren habe ich den Jugendlichen bei der Firmung ein Freundschaftsband geschenkt mit der Aufschrift „Touch me, God" – „Berühre mich, Gott, durch deinen Geist." Angenommen, wir würden Gott fragen, was ihm das Wichtigste sei. Was würde er wohl antworten? Er würde antworten: DU. Du bist mir das Wichtigste. Gott sagt Ja zu jedem Menschen – so wie du bist, mit deinem Leben, mit deiner Geschichte, mit deinen Fähigkeiten, mit deinen guten und mit deinen weniger guten Seiten.

Auf Empfang für Gottes WhatsApps

„Touch me, God" – das erinnert mich an eine Begebenheit während einer Zugfahrt. Ein Jugendlicher saß mir gegenüber. Plötzlich summte sein Handy. Eine WhatsApp-Nachricht. Er schaute auf das Display und lächelte. Seine Freude war spürbar. Dabei ist mir der Gedanke gekommen, auch Gott schickt uns täglich unzählige Botschaften per WhatsApp oder SMS, die uns genau das sagen: „Ich mag dich. Ich steh zu dir. Du bist mir wichtig." Und wie sagt er uns das? – Durch nette Menschen, durch eine schöne Erfahrung, durch die Natur oder ein lustiges Partywochenende, durch einen berührenden Gottesdienst …

Bleiben wir aufmerksam für diese Nachrichten Gottes. Und schalten wir auf Empfang. Firmung heißt: Gott sagt Ja zu dir. Er sagt, du bist mir das Wichtigste. Und Firmung heißt, gesegnet sein mit dem Geist Gottes – mit Glaube, Hoffnung, Mut, Nächstenliebe und Liebe. Dass wir das hin und wieder spüren und einander spüren lassen, das meint Firmung.

Manchmal,
wenn du ganz tief unten bist,
wenn die Einsamkeit über dir zusammenschlägt,
dann brauchst du einen Freund,
der dich bei der Hand nimmt
und dich ins Leben zurückführt.

Manchmal,
wenn dir die Tränen im Hals stecken,
wenn du daran zerbrichst,
dass niemand dich versteht,
dann brauchst du einen Freund,
der seinen Arm um dich legt
und dich weinen lässt.

Manchmal,
wenn du vor Freude hüpfst,
wenn du die ganze Welt vor Glück umarmen willst,
dann brauchst du einen Freund,
der deine Freude widerspiegelt
und mit dir lachen kann.

Manchmal,
nein, immer brauchst du einen Freund,
der dich annimmt, wie du bist,
vor dem du dein Leben ohne Maske leben darfst.

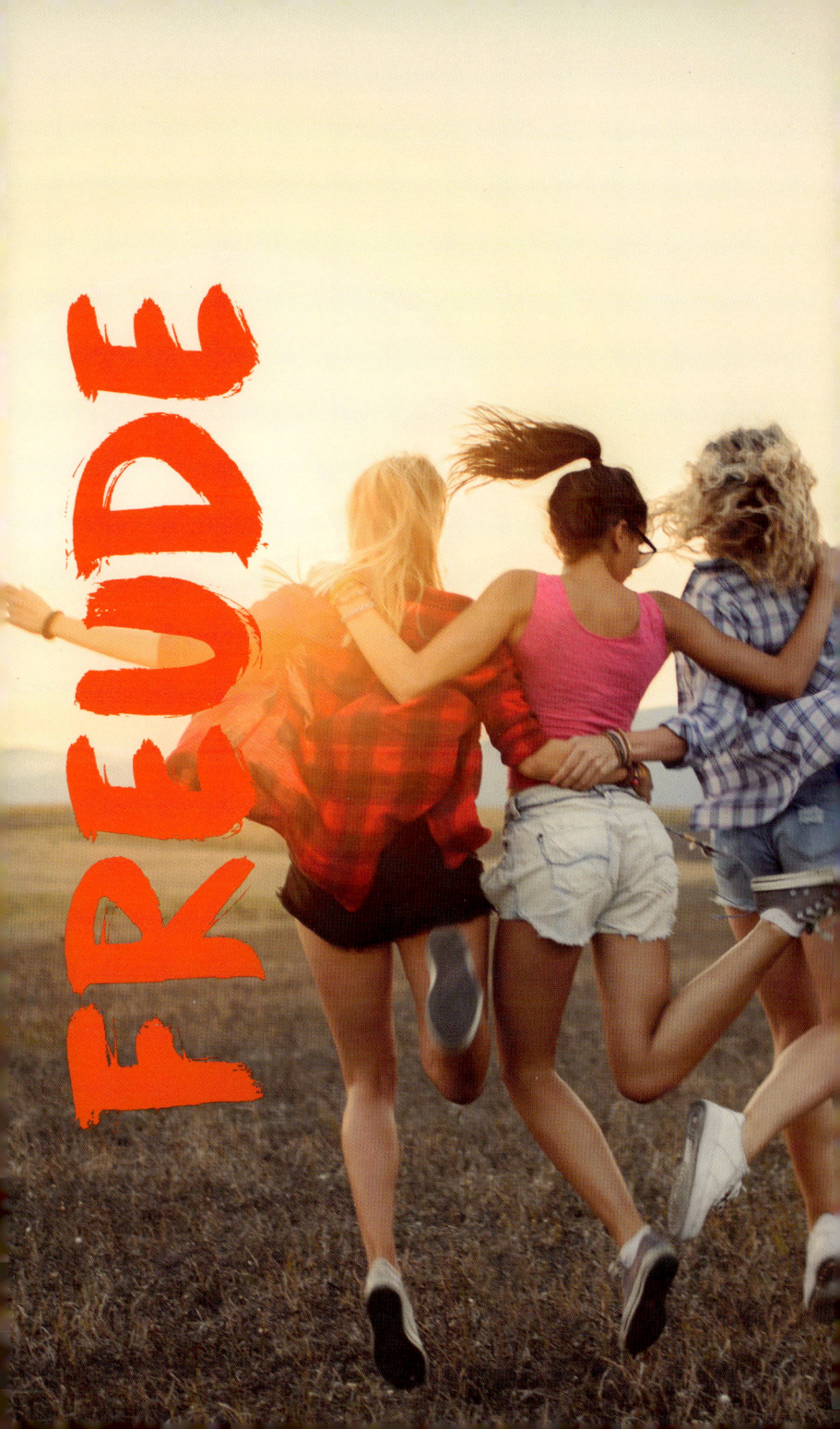

FARBEN

UND FREIRÄUME

KAPITEL SECHS

FARBEN UND FREIRÄUME

Wenn ich bei der Firmung predige, dann beschäftigen mich zwei Fragen: Warum wollen sich die Firmlinge firmen lassen? Was erwarten sie sich von der Firmung? Ich versuche, diese Fragen in der Predigt zu beantworten. Hier habe ich es anhand eines handgemachten Glasstückes probiert, das die Firmlinge von mir geschenkt bekommen haben. Die Farben sind dem Bischofsstab entnommen beziehungsweise den Fenstern des Doms von Feldkirch.

Firmung heißt, Gott sagt Ja zu dir

Und niemals nimmt er dieses Ja zurück. Das drückt die Farbe Gelb aus. Gelb ist die Farbe des Glaubens, das Vertrauen auf diese Zusage Gottes. Ich erinnere mich an ein Treffen mit drogensüchtigen Jugendlichen. Wir haben über Sucht diskutiert. Jemand fragte: „Was ist denn das Gegenteil von Sucht?" Eine von ihnen meinte: „Das Gegenteil von Sucht ist Genuss." „Und was ist denn der größte Genuss?", lautete dann die nächste Frage. Die Antwort einer Jugendlichen war: „In der Hand eines anderen Menschen geborgen zu sein." Ein berührender Gedanke. Genau darum geht es. Firmung sagt, du bist in der Hand Gottes geborgen. Die Patinnen und Paten, die bei der Firmung hinter euch stehen und euch die Hand auf die Schulter legen, sagen damit: Ich will dich stützen. Ich gehe mit dir. Sie drücken damit das aus, was im Tiefsten des Evangeliums steht: Gott geht mit dir. In der Firmung wird euch das zugesagt.

Die Firmung ist ein Auftrag

Die Farbe Rot erinnert mich an das Blut von Menschen, die aufgrund von Terroranschlägen in der letzten Zeit ihr Leben verloren haben. Das erschüttert mich und viele Menschen. Die Lesung vom ersten Pfingstfest in Jerusalem zeigt ein Gegenbild. Der Geist Gottes bewirkt, dass Menschen sich auf einmal verstehen. Bei der Firmvorbereitung habt ihr das gelebt, habt Mauern abgebaut und Brücken zueinander entstehen lassen. Das ist ein Auftrag für unsere Welt, der Wunsch Jesu im Evangelium: Der Friede sei mit euch.

Ich glaube, ein gefirmter Mensch ist jemand, der Brücken des Verstehens zum anderen baut, der den anderen mit dem Herzen sieht, der den Frieden sucht. Und dazu braucht es Mut. Ich bin immer wieder beeindruckt, wenn zum Beispiel Sportler diese Courage zeigen und sich öffentlich zum Glauben bekennen. Ich denke an David Alaba und viele andere. Das braucht Mut. Und das ist es, was uns der Geist Gottes schenkt.

Firmung heißt, Menschen wahrnehmen, die an den Rand gestellt werden

Zum Beispiel, wenn jemand gemobbt wird, in der Klasse ausgelacht wird. Das ist das Hellrot. Es ist die Farbe der Caritas, der Nächstenliebe: Jesus gibt den Menschen Würde, er wäscht ihnen die Füße, er holt jeden herein.

Wofür brennst du?

Daran soll das Himmelblau erinnern. Es sagt etwas aus über die Hoffnung und ist die Farbe der Mutter Gottes, Maria. Maria hat ein großes Wort gesprochen, das ihr Leben komplett verändert hat, und dieses Wort heißt Ja. Sie hat Ja zu Gott, Ja zu ihrer Berufung gesagt, Ja zu dem gesagt, wofür sie in der Welt ist.

Was möchtest du in deinem Leben wirklich tun, verwirklichen? Was ist dein Projekt?

Zwischen diesen leuchtend bunten Farbsteinen sind die **Freiräume.** Sie stehen für dich und für mich. Das sind die Orte unseres Lebens. Da stehen eure Namen drinnen: Thomas, Veronika, Mathias, Annika …

KAPITEL SIEBEN

ANSTÖSSE FÜRS LEBEN

Das Magazin »anstösse« der Katholischen Jugend und Jungschar Vorarlberg greift laufend aktuelle Fragen auf: Refugees welcome, Arbeit nervt?!, all or nothing …

Im „Bischofsblog" gehe ich auf diese Themen ein.

Macht Lärm und passt euch nicht an!

Junge Menschen sind erfrischend offen, ehrlich und direkt. Sie haben ein freies, unbeschwertes Verhältnis zu Traditionen und Autoritäten. Wo Erwachsene vielleicht zu viele Rücksichten nehmen, Wenn und Aber bedenken, zögern, da preschen Junge einfach vor. Und sie sind hochsensibel, wenn es darum geht, Werte von Wahrheit und Liebe, Gerechtigkeit und Frieden zu spüren. Das gefällt mir. Darum ergeht es mir nicht anders als Papst Franziskus, der sagt: „Ich mag es, mit Jugendlichen zusammen zu sein, weil sie Überbringer der Hoffnung und Schöpfer der Zukunft sind."

„Macht Lärm und passt euch nicht an! Baut eine Welt voller Schönheit, Güte und Wahrheit." Solche aufmunternden Worte findet Papst Franziskus für junge Menschen. „Spielt vorne mit – beim Aufbau einer schöneren Kirche, einer besseren Welt, einer gerechteren Gesellschaft."

– Was Papst Franziskus über zwei Millionen Jugendlichen beim Weltjugendtag 2013 in Rio de Janeiro ans Herz gelegt hat, dazu möchte auch ich alle jungen Menschen und alle, die im Herzen jung geblieben sind, einladen und ermutigen. Ich danke jedem und jeder, der und die sich in seinem bzw. ihrem Umkreis dafür einsetzt und dadurch den Geist der guten Nachricht Jesu ausstrahlt und weiterschenkt.

Dass Menschen zum „Blühen" kommen

Was sind „Hauptnahrungsmittel", die Kinder zum Wachsen und Blühen brauchen, damit sie ihre Talente und Fähigkeiten entfalten können? – Liebe und Zuwendung, Vertrauen und Gemeinschaft, Ermutigung und Wertschätzung gehören auf jeden Fall dazu. Ja, darauf haben Kinder und Jugendliche ein Recht, denn unser Gott ist ein Gott des Lebens.

Wie oft müssen Kinder das entbehren, sie haben nicht genug zu essen, sie haben nicht die Liebe, die sie brauchen! Darum ist es so wichtig, dass wir uns bemühen, die Voraussetzungen zu schaffen, dass Menschen zum „Blühen" kommen können. In vielen Regionen der Welt haben Kinder keine Aussicht darauf, weil die notwendigen Dinge dafür fehlen. Ich bin froh und dankbar, dass junge Menschen in der Katholischen Jugend und Jungschar und in vielen anderen Vereinen und Institutionen darauf achten, dass Kinder Freude erleben können und zum Leben finden, und das in vielerlei Hinsicht.

Wenn wir nicht nur auf die eigene Situation und die eigenen Interessen schauen, sondern solidarisch über den eigenen Tellerrand hinausblicken, dann sehen wir weiter und werden dadurch reich beschenkt. So wird die Weite des „Reiches Gottes" spürbar. So können wir die großen Geschenke des Lebens entdecken. Die Seligpreisungen der Bergpredigt deuten die Richtung an: Wer nach Gerechtigkeit hungert und dürstet, wer Trauernde tröstet, wer Frieden stiftet (vgl. Matthäus 5,1–12), der geht auf diesem Weg.

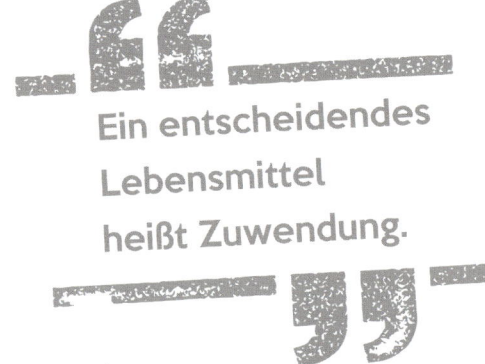

Ein entscheidendes Lebensmittel heißt Zuwendung.

Von der Kostbarkeit des Lebens

Ein Tautropfen an einem Grashalm, das Glitzern einer Schneeflocke, ein befreiendes Kinderlachen, eine sternenklare Nacht, ein vertrauensvolles Gespräch. Unspektakuläre, stille Dinge kommen mir spontan in den Sinn auf die Frage: Was macht mir das Leben wertvoll? Die Schönheit der Schöpfung, tiefe menschliche Begegnungen, das Teilen von Freuden, aber auch von Lasten und Sorgen – all das sind Erfahrungen, die mir Kraft und Licht schenken.

Woran messen wir den Wert des menschlichen Lebens? An Schönheit und Jugendlichkeit, an Erfolg und Leistung, Kraft und Schnelligkeit, Intelligenz und Klugheit, Alter und Reife? Mir drängen sich die Worte des Schöpfungsberichtes auf: „Gott erschuf den Menschen als sein Bild; als Bild Gottes erschuf er ihn. Männlich und weiblich erschuf er sie" (Genesis 1,27). Alles Leben ist von Gott geschaffen und gewollt. Jeder Mensch ist Gottes Ebenbild, ist vom Atem Gottes belebt. Das macht die tiefste Würde des Menschen aus, unabhängig von eigener Leistung, unabhängig auch von Krankheit oder Behinderung. Auch wenn wir, aus der Perspektive der unermesslichen Größe des Universums betrachtet, winzig klein und unbedeutend sind: Als Gottes Ebenbilder sind wir unendlich wertvoll und bedeutend.

Grenzgänge

Der Wert des Lebens wird uns oft gerade an den Grenzen deutlich, erst recht an der Grenze des Lebens – besonders wenn junges Leben manchmal schockierend abrupt endet, etwa durch einen Unfall. Was dann noch Halt geben kann, wenn man in Not versinkt oder einem ein Unglück widerfährt, ist das Tragen und Getragen-Werden in der Solidarität von anderen. Dann kann für einen Augenblick vielleicht spürbar werden, dass auch in solchen Situationen etwas von Hoffnung, Auferstehung und Ostern durchschimmert. Dieses Osterlicht heißt: Das Leben ist stärker als aller Tod und alle Zerstörung.

Das war bei einer berührenden Trauerfeier spürbar. Die Mutter und der Vater des zweijährigen Hubert (Name geändert) waren bei einem Bergunfall in den Tod gerissen worden. In aller Tragik war die Solidarität, die Anteilnahme, das Beten Stütze und Trost für die trauernden Angehörigen, sie machten Gemeinschaft der Hoffnung erfahrbar. Durch die Auferstehung Jesu leuchtet das Osterlicht der Hoffnung in jedes Dunkel. Jeden Tag neu zeigt uns der anbrechende Frühling, dass das Leben stärker ist als jeder Tod. Aus Ästen, die wie abgestorben schienen, sprießt neues Leben. Dass wir jeden Tag kleine Erfahrungen von Auferstehung machen und anderen schenken, das wünsche ich uns allen.

... dass er die Erde bebaue und behüte

Klimawandel, Erderwärmung, schmelzende Gletscher und Polkappen, Überschwemmungen, Wirbelstürme, Umweltzerstörung, Katastrophenszenarien: Zukunftsängste machen sich breit, wenn man sich die Schlagzeilen zu Umweltthemen vor Augen führt. Wollen oder müssen wir wirklich immer weiter in diese Richtung gehen? Etwas daran zu ändern fällt anscheinend unsagbar schwer, wenn man die dürftigen Ergebnisse internationaler Klimakonferenzen betrachtet.

Zeit zur Umkehr?

Wie aber kann ein Umkehren (eine Richtungsänderung) möglich werden? Es beginnt mit dem Stehenbleiben und dem Darauf-Achten, was da ist. Wenn wir die Schönheit der Schöpfung erkennen, werden wir uns auch um sie sorgen: eine unscheinbare Blume am Wegrand, das Flöten einer Amsel, ein Sonnenuntergang. Jede Wiese, jede Blume ist ein Wunder, in dem sich das ganze Universum spiegelt. Für kein Geld der Welt können wir diese Werte kaufen.

Wenn man in der Natur unterwegs ist, wenn man durch einen Wald spaziert oder in den Bergen wandert, dann kann einem ein Satz von Mahatma Gandhi bewusst werden: „Wenn die Welt atmet, dann atmen wir. Wenn die Welt aufhört, zu atmen, dann hört auch der

Mensch auf zu atmen." Dann können wir sensibel dafür werden, dass wir selbst ein Teil dieser Welt, dieser Schöpfung sind. Die Achtsamkeit für diese Dinge des Alltags ist etwas, das uns zu Gott führen kann.

In Naturreligionen gibt es das Bild der Schöpfung als „Mutter Erde". Die Mutter ist es, die das Leben gebiert, die uns ernährt und leben lässt, die stützt und schützt. Auch in der Bibel können wir eine solche Grundhaltung der Achtsamkeit gegenüber der Schöpfung entdecken: „Gott, der Herr, nahm den Menschen und gab ihm seinen Wohnsitz im Garten von Eden, damit er ihn bebaue und hüte", heißt es im Buch Genesis (2,15).

Die Wunder der Schöpfung

Kosmos, Welt, Natur sind Gottes Schöpfung. Sie sind ein Geschenk an die Geschöpfe und zugleich ein Auftrag an sie. Die Wunder der Schöpfung sind Orte, die uns die „Umarmung Gottes" spüren lassen können, wie es Dom Helder Camara in einer seiner „mitternächtlichen Meditationen" anklingen lässt:

Wäre die Sonne
so durstig und gierig wie du,
es bliebe keine Pfütze,
kein Tautropfen
auf dem Antlitz der Erde.

Nicht hochtrabende Ziele, Programme und Maßnahmen werden die Welt vor dem Untergang retten. Wir brauchen eine Rückkehr zur Einfachheit. Wir müssen uns in unserem Innersten ändern, wir müssen so verletzbar werden wie die Schöpfung. Dann können wir anfangen, sie wieder zu heilen.

Herausforderung Menschlichkeit

Hunderttausende Menschen flüchteten in den vergangenen Jahren nach Europa. Und viele sind noch auf dem Weg. Sie flüchten vor Krieg, Gewalt, Verfolgung, Terror, Hunger. Bis zum Jahr 2015 schien uns diese humanitäre Katastrophe noch unendlich weit weg – trotz Berichten über Flüchtlingsboote auf dem Mittelmeer und Tausenden von Toten jedes Jahr, trotz des Besuchs von Papst Franziskus auf Lampedusa, trotz Bildern von riesigen Flüchtlingslagern im Libanon, in Jordanien, in Syrien.

In den Medienberichten erscheint diese gewaltige Zahl von Menschen auf der Flucht oft wie eine anonyme Masse. Und doch, es sind immer einzelne Menschen – Frauen und Männer, Mütter, Väter und Kinder, überwiegend junge Leute –, die aus Verzweiflung und in der Hoffnung auf eine sichere und lebenswerte Zukunft alles hinter sich lassen.

Sich berühren lassen

Und auch viele Menschen hier lassen sich berühren von dieser Not. Sie helfen nach Kräften. Bringen Wasser, Decken, Kleidung, organisieren und vermitteln, sind einfach da. Das ist wichtig: den einzelnen Menschen zu sehen – mit seiner Not, seiner Angst, seiner Hilfsbedürftigkeit – und zu versuchen, in der jeweiligen Not gezielt zu helfen. Das bleibt eine Herausforderung für Helfer und Helferinnen, Hilfsorganisationen, Behörden, Staaten.

Das ist unsere Verpflichtung als Christen und Christinnen, auch als Bewohner eines der reichsten Länder. Wer kennt nicht die Worte Jesu

in der Bergpredigt: „Ich war fremd und obdachlos und ihr habt mich aufgenommen" (Matthäus 25,35). Gelebte Nächstenliebe ist auf dem Prüfstand. Und auch Politik ist eine edle Form der Nächstenliebe, wie Papst Franziskus meint.

Hoffnung stiften

Zugleich macht diese Situation bewusst, dass der soziale Friede in unseren Ländern auf die Probe gestellt ist. Zwischen Hilfsbereitschaft, Gesten des Willkommens und der Nächstenliebe mischen sich auch Ängste, Bedenken und Ungewissheit. Zu groß ist die Herausforderung, um sie nur blauäugig auf die leichte Schulter zu nehmen. Und doch, trotz unvermeidlichem Chaos, Überforderung, Hilflosigkeit und auch Fehlern macht ein zuversichtliches „Wir schaffen das!" von Politikern und Politikerinnen Mut und Hoffnung.

Und besonders auch ihr Jungen könnt etwas tun. Wenn ihr den vielen jungen Menschen, die hier Asyl erhalten, dabei helft, dass sie Kontakt und Anschluss finden und integriert werden – durch Nachhilfe, beim Deutsch-Lernen, wenn ihr sie in den Verein mitnehmt, ins Kino oder zu einem Ausflug einladet – dann baut ihr Brücken und macht Mut gegen Ängstlichkeit. Danke für jedes Zeichen der Menschlichkeit!

Ein Reset-Button „Barmherzigkeit"

In Zeiten von „Geiz ist geil", von „unterm Strich zähl ich", im Zeitalter des Narzissmus und der Selfies, die mich selbst in den Mittelpunkt stellen, klingt das Wort „Barmherzigkeit" in den Ohren vieler von gestern und veraltet. Gerechtigkeit ist gefragt: „Das steht mir zu!" Aber allein durch Paragrafen wird unsere Welt noch nicht menschlicher. Wir sind auch angewiesen auf so etwas wie Barmherzigkeit und Erbarmen, auf Liebe, die dem anderen einfach nur gut sein möchte. Wer will schon gerne mit einem unbarmherzigen Menschen zu tun haben?

Warmherzigkeit

Barmherzigkeit, worauf zielt der Begriff? Mit „Warmherzigkeit" ist er vielleicht treffender übersetzt. Sie sind jetzt sichtbar geworden bei uns, die Flüchtlinge und „Notreisenden". Die weltweite Armut und Not, die wir eben noch weit weg wähnten, tritt offener zutage. Und dann auch die eigene Not: Leistungsdruck und Stress machen sich bemerkbar, Konflikte und Streit, Beziehungen, die zerbrechen. Wer hält alldem stand?

Ein Reset-Button

Da wäre manchmal ein Reset-Button schon ganz praktisch, mit dem man alle Unebenheiten, Belastungen, Schulden, offenen Rechnungen, Anforderungen, Ungerechtigkeiten ausgleichen und einfach wieder auf null stellen könnte. Barmherzigkeit ist für uns Christen so ein Reset-Button. Und deshalb ist er auch Papst Franziskus so wichtig, weshalb er im Jahr 2016 sogar ein „Jahr der Barmherzigkeit" ausgerufen hat. Er fordert die jungen Menschen auch auf zum gewaltlosen Widerstand gegen Fanatismus und Terrorismus. „Glaubt nicht den Worten von Hass und Terror, die oft wiederholt werden, baut stattdessen neue Freundschaften auf", meint er in seiner Einladung zum internationalen Treffen im April 2016 in Rom. „Seid mutig und unkonventionell. Schwimmt gegen den Strom. Baut Tag für Tag auch in den kleinen Dingen eine Welt des Friedens auf!"

Gefängnispforten sprengen

Heilige Pforten – in Rom und überall auf der ganzen Welt – hat Papst Franziskus für das Jahr der Barmherzigkeit 2016 eröffnet und gewünscht. Wer diese durchschritt, sollte frei werden von Belastendem. Sogar die Türen der Gefängniszellen können zu heiligen Pforten werden, meinte er. Wir fühlen uns manchmal unfrei, gefangen, wie eingesperrt. Der Papst ermutigt uns, immer wenn wir durch die Türen unseres „Gefängnisses" gehen, innerlich umzukehren und uns dem

Guten, der Versöhnung, der Freude zuzuwenden. Sogar „die Türe einer Gefängniszelle" kann so zu einer Pforte der Umkehr, der Hoffnung und des Neuanfangs werden.

Was ist olympischer Geist?

„Wisst ihr nicht, dass die Läufer im Stadion zwar alle laufen, aber dass nur einer den Siegespreis gewinnt? Lauft so, dass ihr ihn gewinnt." Sportlich-ehrgeizig klingen die Worte des Apostels Paulus an vielen Stellen seiner Briefe, so wie hier im Brief an die Korinther (1 Korinther 9,24). Es geht ihm dabei darum, einen „unvergänglichen Siegeskranz zu gewinnen" – für Jesus und für Gottes Reich.

In einem solchen Wettkampf kommt es an auf Leistung, Teamgeist, Fairness, Ehrlichkeit, Menschlichkeit. Sport und Training haben zu tun mit Freude an Gesundheit und Kraft. Das klingt auch im „Schneller, Höher, Stärker", dem offiziellen Motto der olympischen Bewegung, durch. Schon die Kirchenlehrerin Teresa von Ávila (1515–1582) meint ja nicht umsonst: „Tu deinem Leib Gutes, damit die Seele gern drin wohnt."

Den Frieden spielen

Sportliche Wettbewerbe ziehen viele in ihren Bann. Millionen Menschen in aller Welt fiebern mit, freuen sich an Erfolgen, betrauern eine Niederlage. Das Wichtigste bei Olympischen Spielen ist aber der gemeinsame und friedliche Wettkampf aller Nationen. Meinungsverschiedenheiten und Auseinandersetzungen werden zumindest für einige Zeit beiseitegestellt. Gemeinschaft stiften, am Frieden bauen, Freude schenken, Nächstenliebe teilen, Können zeigen, vergnügt spielen, das macht olympischen Geist aus. Und auch beten? Manche der Sportler und Sportlerinnen setzen ein Zeichen ihres Glaubens. Leistung und Erfolg hängen nicht nur vom eigenen Willen und Können ab, sie sind immer auch Geschenk, eine Gabe Gottes.*

---

* Der Läufer Isaac Makwala aus Botswana durfte nach einer Magen-Darm-Grippe den Vorlauf, um sich für die WM im 200-Meter-Sprint zu qualifizieren, nachholen. Als er den Einzug schaffte, sagte er danach, er „danke Gott für die zweite Chance".

Wo bleibt Gerechtigkeit?

Ein solches Spiel in Freundschaft und Wertschätzung kann ein konstruktives Miteinander über trennende Grenzen hinweg Wirklichkeit werden lassen. Wo das vielleicht schmerzlich zu vermissen ist, können Olympische Spiele oft auch gerade erst recht das Fehlen von Frieden, Versöhnung und Gerechtigkeit sichtbar machen. Zu dieser bitteren Kehrseite zählt die Vertreibung tausender Familien in Brasilien für den Bau von Sportstätten und der Verkehrsinfrastruktur, Prestigeprojekte binden Gelder, die für Bildung und die Bekämpfung sozialer Nöte fehlen.

Aufstehen zum Leben

„Lass das bleiben." „Du kannst das nicht." „Streng dich eben mehr an." „Andere sind besser als du." Oft nur nebenbei ausgesprochen, können solche Bemerkungen tief verletzen. Bei manchen Menschen melden sich Gefühle der Wut, wenn sie an bestimmte Personen denken. Die Erinnerung an Gemeinheiten, Ungerechtigkeiten, Verletzungen durch Missbrauch und seelische Folter kommt hoch. Zugefügt von Mitmenschen, die ihnen nahestanden. Noch immer tut es weh und will einfach nicht aus dem Kopf.

Wie mit solchen Wunden umgehen? Manchmal reicht es schon, wenn wir den Blick von den Schattenseiten hin zu den Lichtseiten, zum Positiven und Erfreulichen wenden. Tief beeindruckt hat mich die Dankbarkeitsliste von Samuel Koch, von der er nach seinem schweren Unfall bei der Fernsehshow „Wetten, dass … ?" bei einem Vortrag im Rahmen der Veranstaltung „Was im Leben wirklich zählt" berichtete. Bei seiner Wette wollte er mit speziellen Sprungstiefeln im Vorwärtssalto nacheinander über fünf auf ihn zufahrende Autos springen. Beim Sprung über das vierte Auto stürzte der damals 23-Jährige schwer und blieb regungslos liegen. Seither ist er vom Hals abwärts querschnittgelähmt. Immer wieder werde er gefragt, woher er die Kraft für seinen täglichen

Kampf nehme, erzählte Samuel Koch. Manchmal habe er sich auch selbst die Fragen gestellt: „Wo ist Gott eigentlich? Gibt es ihn überhaupt?" Eine Antwort fand er in der Bibel: „Wer sucht, der findet; wer anklopft, dem wird geöffnet" (Lukas 11,10). „Ich nahm mir vor, genauer hinzusehen, wo Gott war. Mit der Zeit habe ich angefangen zu sehen, dass mir in meiner miesen Lage oft viel Gutes widerfuhr: das Zwerchfell, das mich überraschend selbständig atmen ließ, meine kinderliedersingende Mama, mein abgeklärter liebevoller Papa, Chris und andere Freunde, die mir zur Seite standen, ganze Schulklassen, die für mich sangen, der Orthopäde und viele Pfleger und Schwestern, die sich als Christen outeten und mit ihren Familien für mich beteten, das herrliche Wetter, eine Kopfmassage … Die Liste ist beinahe endlos weiterzuführen."

Jeder und jede kann für sich eine solche Dankbarkeitsliste erstellen: Wofür bin ich dankbar? – Für Familie und Freunde, Essen und Trinken, Berge und Wälder, Blumen und Wiesen, Schule, Arbeit und Feste, Sonne und Regen, Lachen und Weinen … Eine Dankbarkeitsliste ist eine heilsame Therapie gegen Traurigkeit, Depressionen und Melancholie.

Auch die Auferstehung Jesu, die wir an Ostern feiern, ist ein hoffnungsfroh leuchtendes Bild gegen alle Verwundungen und alle Angst. Im Mittelpunkt steht da kein vor Vitalität strotzender „Strahlemann", kein erfolgreicher Manager, sondern ein geschlagener Mensch, verraten und verkauft. Er wird gedemütigt, verspottet, verwundet und schließlich getötet. An seinem Schicksal können wir sehen: Verwundungen gehören zum Leben. Ich darf aber auch wissen, dass es nicht dabei bleibt. Denn nach jedem Karfreitag kommt Ostern, das Fest der Auferstehung. Das Leiden steht nicht am Ende. Nach dem Leid bekommen wir eine Perspektive, die Heil und Heilung bringt. Ostern ist der Aufstand gegen den Tod und gegen alle Tode. Ostern ist der Aufstand für das Leben.

„Ich habe keine Zeit"

So klingt ein Seufzer des modernen Menschen, der meint, alles hänge nur von ihm ab. Irgendwie gleicht er einem Menschen, der beim Bäumefällen seine Kräfte verschwendet, weil er mit einer stumpfen Axt arbeitet, weil er scheinbar keine Zeit hat, sie zu schärfen. Wir kennen wohl alle die Erfahrung der Müdigkeit, der Erschöpfung, der Leere. Und wir freuen uns auf die freie Zeit der Ferien, in denen wir dem Druck des Alltags einmal entkommen können.

Unterbrechung

„Kommt mit an einen einsamen Ort, wo wir allein sind, und ruht ein wenig aus!", schlägt auch Jesus seinen Jüngern vor (Markus 6,31). Wir brauchen das Gleichgewicht zwischen Tätigkeit und Besinnung, zwischen Arbeiten und Beten, wie es auch in der Regel der Benediktinermönche steht. Das Leben braucht beides: Alleinsein und Zusammensein, Bei-sich-selber-Sein und Beim-anderen-Sein. Wenn wir bereit sind, uns (auch von Gott) unterbrechen zu lassen, können wir in eine innere Zufriedenheit finden.

Kraft aus der Stille

Die Stille zu atmen gehört zu den großen Kraftquellen. Stille hilft, den Alltag zu sortieren, sie macht uns aufmerksam für die Spuren Gottes in unserem Leben. Sie macht gelassen und schenkt uns die Grunderfahrung, dass Gott unser Leben trägt. Diese Gelassenheit ist die Voraussetzung zum Stillwerden, zum Hören auf das, was unser Leben in Balance hält und der Seele Harmonie schenkt. Dazu lädt auch ein irisches Segensgebet ein:

Nimm dir Zeit zum Denken –
es ist die Quelle der Kraft.

Nimm dir Zeit zum Lesen –
es ist der Brunnen der Weisheit.

Nimm dir Zeit zum Träumen –
es bringt dich den Sternen näher.

Nimm dir Zeit zum Lachen –
es ist die Musik der Seele.

Nimm dir Zeit, freundlich zu sein –
es ist der Weg zum

Glück.

Und ich möchte hinzufügen: Nimm dir Zeit für Gott, er schenkt dir Gelassenheit, eine Quelle der Kraft.

GEBETE

GEBETE

KAPITEL ACHT

GEBETE

AUS DEM FIRMGOTTESDIENST

Alle drei Elemente stammen aus dem Firmgottesdienst der Pfarre Peter und Paul in Lustenau, gefeiert am 4. Mai 2016.

Kyrie – Herr, erbarme dich unser

Herr Jesus Christus, du schenkst uns deinen Aufwind,
wenn wir streiten und einander wehtun.
Du schenkst uns deinen Rückenwind,
wenn wir uns von Ärger und Wut beherrschen lassen.
Wenn wir Gegenwind im Leben verspüren,
stärkst du uns mit neuem Vertrauen.

Zur Firmspendung

Wir bitten dich,
Herr, sende ihnen den Heiligen Geist,
den Beistand.
Gib ihnen den Geist der Weisheit und der Einsicht,
des Rates,
der Erkenntnis und der Stärke, den Geist der Frömmigkeit und
der Gottesfurcht, durch Jesus Christus, unsern Herrn.

Nach der Kommunion

Auch mich will der Heilige Geist
aus meiner Schläfrigkeit aufrütteln.
Wie der Wind ein Fenster aufstößt und ins Zimmer braust,
will der Heilige Geist mein verschlossenes Herz aufreißen.

Wie ein schwaches Feuer
in einem Luftzug hell aufflackert,
will der Heilige Geist meine lahme Liebe und
meinen gleichgültigen Glauben feurig machen.

Wie der Sturm
in die Bäume fährt und sie erstarken lässt,
will der Heilige Geist meine Standhaftigkeit erproben.
Wie der Abendwind Kühlung bringt,
will der Heilige Geist meine Tatkraft erfrischen.

Dort,
wo Menschen sich für das Gute entscheiden,
wird Gottes Geist sichtbar. Es ist wie beim Wind,
du kannst ihn nicht sehen, aber du spürst seine Wirkung.

Gott, gib uns deinen Geist.
Lass uns nicht allein
mit unserem eigenen Geist!
Lass uns Feuer und Flamme sein
für dein Evangelium.
Lass uns nicht
eine kalte Schallplatte sein,
die abläuft
mit christlich klingenden Worten
ohne Glut.
Oder lass uns kein Papagei sein,
der nachplappert,
was er lange genug gehört hat.
Gib uns deinen heiligen Geist!
Gott, lass uns selbst
Evangelium werden, frohe Botschaft,
Leuchtschrift am dunklen Himmel
unserer Welt.
Gib, dass deine Botschaft
Stürme entfacht
in den dürren Ästen
unserer Welt;
Gib, dass deine Botschaft
unsere Zungen feurig macht
in der kalten Pracht
unserer Welt.
Gib, dass dein Geist uns einigt.
Darum bitten wir durch Christus, unsern Herrn.

Wilhelm Willms

Wo soll ich hin?

Gott, wo auch immer du bist, ich frage dich:
Wo soll ich hin?
Welche Straße soll ich wählen?
Welcher Fahrplan führt mich durchs Leben?
Mit welcher Rolle komm ich ans Ziel?
Wo soll ich hin?
Steh fast täglich an einer Kreuzung
den Kopf voller Fragen:

Nach links, nach rechts, oder doch geradeaus?
Die Last der Entscheidungen liegt drückend auf mir.
Wie erkenn ich die Straße zum Glück?
Wie find ich den besten Weg?
Wie find ich aus Sackgassen heraus?
Gott, begleite mich über die Kreuzungen,
berate mich, bei meinen kleinen und großen Beschlüssen.

Stephan Sigg

Glaubensbekenntnis

Ich glaube an Gott,
der Musik und Ton, Akkord und Harmonie ist,
der sein Lied zum Klingen bringt in allem, was lebt.

Ich glaube an Jesus Christus,
in dem Gott sein Lied der Liebe auf einzigartige Weise
in dieser Welt anstimmen und singen konnte.
Ich glaube, dass Jesus Gottes Liebeslied in Dur und in Moll,
hell und dunkel in dieser Welt gesungen hat.
Ich glaube an Jesus,
der in uns allen unsere eigene Musik lebendig macht,
durch den alle Noten zu Melodien werden;
der uns einlädt, mit einzustimmen in seine Melodie,
für Gott und die Menschen;
in das Lied des Lebens und der Liebe;
in das Lied von Tod und Auferstehung.
Ich glaube, dass er uns einlädt zur Feier,
zum Fest der Auferstehung.

Ich glaube an den Heiligen Geist,
der die abgespielten Saiten in uns zum Klingen bringen kann;
der unser Gehör schärft;
der hilft, die richtige Melodie zu singen;
dessen zarte Töne uns einladen,
in seinem Rhythmus mitzuschwingen.
Ich glaube, dass Gott durch ihn sein Lied in uns
allen weitersingen will.

Amen.

aus „cloud.book"

Noah war betrunken.

Abraham war zu alt.

Isaak war ein Träumer.

Jakob war ein Lügner.

Lea war hässlich.

Moses war ein Mörder.

Gideon hatte Angst.

Rahab war eine Prostituierte.

Jeremia war zu jung.

David hatte eine Affäre.

Elia war lebensmüde.

Jona lief weg vor Gott.

Naomi war eine Witwe.

Hiob verlor alles.

Johannes der Täufer aß Heuschrecken.

Johannes war selbstgerecht.

Die Jünger schliefen ein beim Gebet.

Marta hat sich um alles Sorgen gemacht.

Maria war zu faul.

Maria Magdalena war besessen.

Der Junge mit den Broten und Fischen kannte niemand.

Die Samariterfrau schlief ständig mit anderen.

Zachäus war zu klein.

Petrus war zu impulsiv.

Markus hatte aufgegeben.

Und Lazarus: Der war tot.

Wenn du das nächste Mal denkst,

Gott kann dich nicht gebrauchen:

Schau mal in die Bibel!

Peter Reid